铭记

不容歪曲的抗战史识

北京日报社理论部 编

北京日報出版社

图书在版编目（CIP）数据

铭记．不容歪曲的抗战史识 / 北京日报社理论部编．
北京：北京日报出版社，2025. 8. -- ISBN 978-7-5477-5015-5

I. K265.06

中国国家版本馆 CIP 数据核字第 2025GJ3048 号

铭记　不容歪曲的抗战史识

出版发行： 北京日报出版社
地　　址： 北京市东城区东单三条 8-16 号东方广场东配楼四层
邮　　编： 100005
电　　话： 发行部：（010）65255876
　　　　　　总编室：（010）65252135
印　　刷： 天津画中画印刷有限公司
经　　销： 各地新华书店
版　　次： 2025 年 8 月第 1 版
　　　　　　2025 年 8 月第 1 次印刷
开　　本： 710 毫米 ×1000 毫米　1/16
印　　张： 16.5
字　　数： 200 千字
定　　价： 78.00 元

编 委 会

目录

第一部分　全民族抗战

第三部分　东方主战场

第四部分　继往开来

后　记

第一部分

全民族抗战

为什么说“九一八”是中国抗日战争的起点？

刘庭华

抗日战争的起点，简言之，就是抗日战争的开始时间。无论从逻辑还是从历史来看，1931 年九一八事变都是中国抗日战争的起点。

以中国人民武装反抗日本帝国主义侵略的开始，作为中国抗日战争的起点，是对历史的尊重

从世界反法西斯战争的全局看，九一八事变是日本帝国主义对中国武装侵略的开始，是它争夺亚洲霸权和发动世界战争的起点，标志着第二次世界大战两个策源地之一——远东战争策源地的最早形成。因此，不应把九一八事变看作中日两国地区性的一般军事冲突，而应把它看作日本企图建立军事独裁法西斯专政，实现其独占中国的“大陆政策”的第一步。

从九一八事变起，中国人民首先以武装斗争反抗日本法西斯的武装侵略，从而打响了世界反法西斯战争的第一枪。对此，苏联检察官克伦斯基在远东国际军事法庭上曾说："如果我们可以指出一定的日期作为第二次世界大战的这段血腥时期的开端的话，1931 年 9 月 18 日恐怕是最有根据的。"

可以说，九一八事变后，中国人民的局部抗战揭开了世界反法西斯战争的序幕。虽然中国抗日战争的第一个时期，即从 1931 年 9 月至 1937 年 7 月的近 6 年，只是在黑龙江、吉林、辽宁、热河四省地区进行，但却从未停止过。这不仅对动员全国人民参加抗日救亡斗争起了重要的准备作用，而且给日本侵略军以严重打击。从九一八事变开始的东北人民及广大爱国官兵反抗日本侵略军的各种形式的武装斗争，是中国人民反抗日本帝国主义侵略、争取民族解放事业的一个重要组成部分。

所以，毛泽东于 1945 年 4 月 24 日在党的七大上所作的政治报告中明确指出："中国人民的抗日战争，是在曲折的道路上发展起来的。这个战争，还是在一九三一年就开始了。"日本著名历史学家藤原彰在其编著的《日本近代史》第三卷的序章中指出："本书是以日本开始发动了历时 15 年侵略战争的 1931 年（昭和六年）为起点，概括地叙述从那以后的日本近代史。"从中可见，日本历史学家不仅把 1931 年作为日本发动侵略战争的开始，同时还把这一年视为日本近代史现代部分的"起点"。日本对中国的武装侵略从 1931 年九一八事变开始，这在世界上都是公认的。中国抗日战争一开始就具有反对军国主义侵略、争取民族独立解放的性质。以中国人民武装反抗日本帝国主义侵略的开始，作为中国抗日战争的起点，是对历史的尊重。

九一八事变后与七七事变后的中国社会的性质和主要矛盾是一样的

以社会性质和社会主要矛盾为依据，以“那些特别突出、引人注目的历史事件作为大的历史运动的路标”为界来划分历史时期或阶段，这是列宁划分世界近代史时期的重要方法，是以辩证唯物主义和历史唯物主义研究历史的一条重要原理。我们从考察中国近代史的实际出发，可以清楚地看到，从 1840 年鸦片战争到 1931 年九一八事变前的中国社会，是一个半殖民地半封建性质的社会，处于“几个帝国主义国家共同支配的局面”。其主要矛盾是中国人民与帝国主义、封建主义、官僚资本主义的矛盾，革命的对象是帝国主义、封建主义和官僚资本主义。九一八事变，特别是 1935 年华北事变后，中国社会的主要矛盾发生了显著变化：由几个帝国主义国家和中国的矛盾，变为特别突出、特别尖锐的日本帝国主义和中国的矛盾。中日民族矛盾成为主要矛盾，国内阶级矛盾和政治集团之间的矛盾降到次要和服从的地位，由此改变了中国国内的阶级关系。

毛泽东指出：“自从一九三一年九一八事变日本帝国主义武装侵略中国以后，中国又变成了一个殖民地、半殖民地和半封建的社会。”九一八事变后中国社会性质和主要矛盾所不断发生的变化，一直持续到 1945 年 9 月日本战败投降，中日民族矛盾这个主要矛盾才得以解决。此后，中国社会又恢复到九一八事变前半殖民地半封建性质的社会形态，其主要矛盾又变成了一般帝国主义和中华民族的矛盾，封建主义和人民大众的矛盾。由此看来，九一八事变后与七七事变后的中国社会的性质和主要矛盾是一样的。七七事变的爆发，则是对中日民族矛盾这个主要矛盾的加深与扩大，而没有使中国社会的殖民地、半殖民地和半封建的性质有所变化。因此，把1931年九一八事变作为中国抗日战争的起点，既符合中国抗日战争史的客观实际，又符合马克思主义关于划分历史时期标准的科学理论。

站在中华民族的高度来看待抗日战争的起点问题

长久以来，许多人都以国民政府在九一八事变以后没有实行抗日为由，把抗日战争的起点定为七七事变，这是值得商榷的。就抗日战争的性质而言，它是中国在20世纪三四十年代进行的由不同阶级、阶层和社会集团的各族人民参加的反抗日本帝国主义侵略的民族解放战争。因此，我们在界定抗日战争的起点时，就不能以国民政府是否主张参加抗战作为标准来评判。

历史事实是，日本帝国主义的侵华战争是一个不断扩大、不断升级，由局部侵华演变成全面侵华的过程。1931年，日本帝国主义发动九一八事变，侵占东北三省；1932年制造一·二八事变进犯上海；1933年进攻热河；1934年至1935年制造张北、察东和河北事件，进而蚕食华北、分裂内蒙古，成立“冀东防共自治政府”和伪蒙古军政府等，最后制订1937年度侵华作战计划，扩大增设在平津地区的驻屯军，准备随时发动全面侵华战争。

同时，中国人民的抗日战争也是一个从小到大，从局部地区抗战逐渐发展到全国性抗战的历史过程。九一八事变后，东北军部分爱国官兵违反蒋介石国民政府的不抵抗政策，奋起抗日，如马占山部在黑龙江的江桥抗战，黄显声等指挥军警阻击日军侵略锦州，李杜、丁超等部在哈尔滨外围地区袭击日军。他们的抗日行动促进了东北义勇军的兴起及抗日斗争，也为中国共产党组建抗日武装创造了有利的群众基础。到 1936 年，中国共产党领导的正规抗日武装，由原来的 8 个小游击队发展到 11 个军，3 万余人，从而成为东北抗日游击战争的主体骨干力量。

如果不以九一八事变作为中国抗日战争的起点，就等于抹杀了此后近 6 年东北民众、部分爱国官兵、察哈尔民众抗日同盟军、国民革命军第十九路军和中国共产党领导的东北抗日武装所进行的抵抗日军侵略的英勇斗争。我们应该站在中华民族的高度来看待抗日战争的起点问题。

本文来源：2017 年 1 月 16 日《北京日报》第 15 版

为什么说把抗日战争确定为 14 年是还原历史原貌?

李东朗

伟大的抗日战争深刻地影响了中国和世界的历史进程，是中华民族历史上的一座丰碑。过去一度称“8 年抗战”，2017 年教育部要求中小学教材全面落实“14 年抗战”概念后，14 年抗战逐渐成为共识。但也有人对此有疑虑，甚至认为如此改动是为了突出中国共产党抗战的作用。实际上，把中国抗日战争确定为 14 年，是还原历史原貌。

众所周知，中国抗日战争经历了一个复杂的过程。1931 年九一八事变后，国民党当局实行不抵抗主义，其后坚持“攘外必先安内”方针，直至七七事变后才决策抗日。而在此期间，中国发生了多次由民众反抗日本侵略的战争，如东北义勇军的抗战、一·二八淞沪抗战、热河长城抗战、察哈尔民众抗日同盟军抗战、东北抗日联军抗战、热河抗日救国军抗战、绥远抗战等，全国各地的抗日斗争、救亡运动持续不断。中国抗日战争经历了由“局部抗战”发展到“全国抗战”的过程，经历了由民众、政党和社会力量抗战到中央政府实行抗战的过程，因而也就出现了“8 年抗战”和“14 年抗战”两个概念。但有一点必须明确：6 年的“局部抗战”和 8 年的“全国抗战”，都是中国人民反抗日本侵略的战争，二者组成了中国抗日战争的完整历史，中国的抗日战争历时 14 年。

实际上，国际上此种认识和表述也很多。如日本学者所主张的“15 年战争”说（他们把战争爆发之年记作第一年，以此计算，至战争结束之年即是第 15 年），他们关于中国抗日战争是“持续 15 年的中国抗日民族解放运动”的观点，都体现了“14 年抗战”的研究视角和历史认识。美国学者戴维·M. 戈登在《历史文献：中日战争，1931—1945》一文中，直接将中日战争界定在 1931 年至 1945 年。2015 年 4 月，由法国著名国际关系史专家罗伯特·弗兰克教授、抵抗运动史专家阿丽亚·阿格兰教授联袂主编，集聚法、英、德、意、加、奥等国 50 余位学者撰写的《1937—1947：战争一世界》，明确将第二次世界大战的叙事从 1931 年九一八事变开始，也是将中国抗日战争计算为 14 年。

总之，以 14 年抗战来反映中华民族在九一八事变后的抗日斗争，是对史实的还原，是对抗日先烈的尊重，是对待历史的科学态度。

本文来源：2020 年 9 月 7 日《北京日报》第 15 版

“不抵抗命令”究竟是谁下达的?

李东朗

随着张学良在口述历史时明确承认“不抵抗命令”是他下的，诸如蒋介石与不抵抗主义无关，甚至蒋介石为张学良“背锅”的说法开始流行。考诸史实，此说不确。九一八事变时的“不抵抗命令”出自张学良，但其之所以下此令，却是和蒋介石密切相关。

1928 年东北易帜后，张学良服从南京国民政府，并与之约定：东北外交完全归中央办理。因此当 1931 年 7 月日本当局操控朝鲜移民制造万宝山事件后，面对日本咄咄逼人的挑衅和进逼，张学良两次密电蒋介石：“由万宝山事件及韩人排华风潮以观，日本推展其大陆政策，有急侵满蒙之意……吾人自应早为之计。”而蒋介石的答复是，东北“官民须协力抑制排日运动，宜隐忍自重”，向张学良强调“此非对日作战之时”。同时，蒋介石于 1931 年 7 月 23 日公开宣示的“攘外必先安内”方针，8 月要求国民党中央对民众反对日本暴行的运动“应取慎重态度，免为日方借口”的电报，9 月南京陆海空军总司令部给东北边防军司令长官公署的“此时应以镇静态度相待，万不可轻率行事，致启战端”的密令，都应该深刻影响了张学良九一八事变时的决策。

简言之，蒋介石和国民党中央此时的对日方略和张学良服从蒋介石、东北外交完全归国民党中央办理的约定，是张学良下达“不抵抗命令”的真正原因。因此，虽然九一八事变时蒋介石没有下达过不抵抗指示，但张学良的“不抵抗命令”却是对蒋介石相关指示的实施。所谓蒋介石和不抵抗主义没有关联的说法，是不成立的。

本文来源：2020 年 9 月 7 日《北京日报》第 15 版

东北抗联为抗战胜利作出了哪些贡献和牺牲？

刘振清

九一八事变后，东北各族人民和东北军部分爱国官兵，在中国共产党抗日号召的影响和推动下，纷纷组成救国军、自卫军、大刀会、红枪会等抗日武装，统称东北抗日义勇军。中共满洲省委指示各地党组织，加强与抗日义勇军的联系，组织党领导下的抗日武装。从 1932 年起，先后组织了 10 余支抗日游击队，开展游击战争。

为进一步加强党对抗日游击队的领导，1933 年 1 月，中共中央指示满洲省委要加强党的领导，克服“左”倾关门主义，建立反日统一战线，扩大游击战争。于是，中共满洲省委作出决定，以游击队为基础，组建东北人民革命军。1936 年 2 月，东北人民革命军改称东北抗日联军（简称“东北抗联”）。此后，东北抗联游击区扩展到 70 余个县境，建立了东南满、吉东和北满三大片抗日游击根据地，成为东北抗日游击战争的中坚力量。

全民族抗战爆发后，在异常艰苦的条件下，东北抗联各部队团结各族人民，坚持游击战争，继续在白山黑水之间同日伪军进行顽强的斗争，受到中共中央高度评价。

1939 年，东北抗日游击战争进入极端困难的阶段。由于日伪军不断加强殖民统治和疯狂“讨伐”，再加上抗联没有建立巩固的抗日根据地，部队屡遭挫折。1940 年，各部队的活动更加困难。1940 年 1 月 24 日，中共吉东、北满临时省委代表周保中、冯仲云、赵尚志等在苏联伯力举行会议，决定采取逐渐收缩、保存实力的方针，将抗联三路军缩编成支队分散活动。此后，东北抗联在极为艰苦的条件下，依靠汉、朝鲜、蒙古、回、鄂伦春、达斡尔等各族人民，继续战斗在白山黑水之间，到 1940 年冬仅剩下不足 2000 人。

作为中国共产党领导下的对日作战最早、条件最艰苦、历时最长的一支抗日武装，东北抗联经历了中国人民抗日战争中最为惨烈、最为悲壮的 14 年。根据日伪统计数字，10 多年间，东北抗联和日伪军发生大小战斗 6.6 万余次，消灭了 18 万日伪军，牵制了 70 多万日本关东军，为抗战胜利作出了巨大的贡献。

彭真在谈到东北抗联的艰苦斗争时曾这样总结：“在我们中国共产党人二十多年领导的革命斗争中，有三件最艰苦的事。第一件：红军的二万五千里长征；第二件：红军长征后，南方红军的三年游击战争；第三件：东北抗日联军的十四年苦斗。”

在长期的抗战中，东北抗联将士抵御着难以想象的严寒和饥饿，挑战着人类生存的极限，不怕牺牲，顽强战斗，涌现出一大批民族英雄。敌强我弱的形势，使东北抗联遭受了巨大的牺牲。据不完全统计，先后参加东北抗联的 5 万多名将士大多血染疆场。在敌人的无数次“讨伐”中，120 多位师以上干部战死，除我们熟知的杨靖宇、赵尚志外，还有王德泰、许亨植、童长荣、夏云杰、陈荣久、汪雅臣、祁致中、宋铁岩、金正国、魏长魁等 40 余位军以上干部为国捐躯。

本文来源：2010 年 5 月 17 日《北京日报》第 20 版

“九一八”后中国知识界提出了哪些救国良方?

王学斌　江　静

1931 年九一八事变爆发，民族危机进一步加剧，中国共产党领导的抗日武装在白山黑水间展开了旷日持久的艰苦斗争。远在北平的知识界则以笔为武器，唤起民众“以决死的精神”来团结苦斗。在北平各界著名人士的聚会上，傅斯年提出了“书生何以报国？”的话题，号召知识分子反躬自问，探索救国之良方。

“全国同胞对此国难，人人应视为与己身有切肤之痛”

1931 年 9 月 22 日，清华大学教授蒋廷黻就以学术报告的形式回应了傅氏的呼吁。当晚，蒋廷黻在清华大礼堂主讲《日本此次出兵之经过及背景》，在梳理日本侵华之来龙去脉后指出：若想解决东北问题，治标之法在于“（1）唤起国际同情，无大效果；（2）宣战必败；（3）排货运动，惟一办法”。至于治本之法，蒋氏认定“在于民族与个人之根本改革。中国人遇小事则萎靡不振，遇公事则贪婪腐败，此种习性非大行改革不可”。

蒋氏此番演讲果然激起众多学子对东北问题的关注。不过要想唤起广大国人对时局的重视，则需要报纸等媒体的不断宣传。1931年9月26日，著名报人邹韬奋就在《生活》周刊上著文向全国民众呼吁：“全国同胞对此国难，人人应视为与己身有切肤之痛，以决死的精神，团结起来作积极的挣扎与苦斗”，“如政府甘心亡国，我们不能坐视偕亡，当起而自救”。一个月后，左舜生也刊发《注意日本的所谓条件》一文，径直指出：“日本一次的出兵占领辽吉，完全是对中国抱着一个算总账的态度，日本既下了一百二十分的决心，在他们是大有不达目的不止之势。”既然国民政府不争气，那么作为中国人，则必须力持与日寇死磕到底的态度，“假如我们也不抱定一百二十分的决心，也不抱定一个与日本算一回总账的坚决态度，则不仅辽吉两省有名存实亡之忧，就想要在最近的中日交涉上稍稍有一点补救，恐怕也是不可能的事”。

“中国建设成功之日，恐即东北问题完全解决之时也”

国难之际，满腔热忱固然重要，尚需冷静地思考与筹谋。若想全面深入掌握东北问题，则非有研究论著不可。蒋廷黻原在南开的老同事傅恩龄应校长张伯苓之命，编撰了数十万字的《东北地理教本》，作为教材供南开大、中、女、小四部通用。此书名为地理教本，但书中内容涉及历史人文、地理风俗、行政交通、资源矿产、工业商业、租借地、中东铁路公司、南满铁路公司及周边经济形势、地缘政治局势等诸多方面，资料丰赡，条目明晰，对当时东北地区的政治、经济、军事、文化情形的介绍非常全面。基于对资料、数据、舆情的充分搜集与分析，教本中所得出的观点令人信服。如结论部分，编者提出了解决东北问题的消极与积极两套方案，战略眼光可谓长远，同时着手之处又非常务实，可见其考虑之周全。文末编者更是强调："东北之权益，既由吾人失之，故东北所失权益之规复，其责任亦应由吾人负之。简言之，东北问题之解决，在于吾人者多，而在于他人者寡。中国建设成功之日，恐即东北问题完全解决之时也。"这一段文字，可谓点出了东北问题症结之所在。

此书能如此迅速地问世，与南开学人平时的持续关注与学术积累及编纂时的辛勤与劳苦自然分不开。著名史学家何炳棣曾就读于南开中学，他回忆道，彼时南开校长张伯苓注意到日本对东北地区的野心，"所以在九一八事变之前，早已嘱咐校长秘书、精通日文的傅锡永（恩龄）先生，从南满铁路株式会社累年大量的调查统计资料中，选撮精要编出一本专书，以为南开大、中、女、小四部通用必读的教科书"。

张伯苓在 1927 年特意组建了"满蒙研究会"这样一个专门的研究机构。此后南开大学不断派遣本校教授赴东北考察，积累第一手的观感与资料。这些教授大多是当时中国最顶尖的专家，如蒋廷黻主攻外交史与国际关系，谙熟近代以来中俄、中日问题。实地走访后，他认为"东北的政治措施，乃至全国的政治措施都是不够的。军政两界的爱国分子都认为兵工厂、铁路、出超的贸易是强国的条件。但是，他们忽略了健康、受过教育、能做事的人民才是强国的基本条件”。再如擅长中国工农业经济问题的何廉，一度致力于研究河南、山东百姓向东北迁移的现象，他“越来越感觉到研究构成中国乡村社会的经济与政治机构，是极为重要的”。于是他借助赴东北考察的机会，搜集了大量宝贵的一手资料，用于该课题的研究。与此同时，正是由于编写教本的契机，不少学者将东北问题作为毕生关注的重点。如蒋廷黻于 1929 年离开南开后，依然在该领域努力耕耘，发表了长达数万字的《最近三百年东北外患史》一文，引起学界极大反响。

除却教材，学者们还纷纷撰写学术著作，以证明自古以来东北就是中国的疆土，驳斥日本之歪理邪说。九一八事变爆发后不到一个月，“多日不能安眠，深悔择此职业，无以报国”的傅斯年，便召集方壮猷、徐中舒、萧一山、蒋廷黻四位顶尖历史学者，联手撰写《东北史纲》。在卷首语中，他们道尽写作的两大初衷：“然而前途之斗争无限，知识之需要实殷，持东北事以问国人，每多不知其蕴，岂仅斯文之寡陋，亦大有系于国事者焉。吾等明知东北史事所关系于现局者远不逮经济政治之什一，然吾等皆仅有兴会于史学之人，亦但求尽其所能而已。己所不能，人其舍诸？此吾等写此编之第一动机也。”再者，“就此二三千年之历史看，东北之为中国，与江苏或福建之为中国又无二致也。今不得已辨此本用不着辨者，此吾等写此编之第二动机也”。此外，供职于《大公报》的王芸生在九一八事变后不及两年的时间里，写出了 7 卷本《六十年来中国与日本》，成为当时研究中日关系史必不可少的参考书，甚至引来日本史学界的异常关注。可见基于学术专长，以期有裨于国难，是读书人大多依循的路径。

“鞭策政府，以度此空前非常之国难”

当然，作为有良知的学者，内心总免不了有些“忍不住的关怀”，于是手中之笔便飞出书斋，在报刊上挥洒思绪。《独立评论》及《大公报》成为他们唤起国魂抵抗侵略的主战场。面对日寇在东北任意肆虐甚至扶植傀儡的暴行，胡适认为政府亟须调整对日方针，“日本军阀和浪人已在那伪国的影子底下实行统治满洲了”，“此时若再不确立对日外交的方针，若再不肯积极谋外交上的挽救方法，将来只有于我更不利的情势”。

较之其师理性冷静的文风，傅斯年的笔锋则满是毫不客气的火药味。针对当时全国上下仍沉醉在“醉生梦死”的苟安状态中，傅对现实进行了无情揭露，“我们且看看所谓北平社会：一群群军阀官僚、学阀学棍、土棍地痞、无赖青年男女摩登，花他们抢来摸来要来的钱住着”“试看自北海公园到先农坛，哪里有国难的气味？走遍五城的大街小巷，哪里有忧国的声息？听听人们的谈吐，哪一个想到东北的失地？”。为何人们面对国耻国难，竟会这样无动于衷？傅分析道，这主要还是由于国人那些“靠天活着的心理，毫不振作的生活，做顺民或逃之夭夭的幻想，知命的哲学！”。傅不禁慨叹，“以今日之局面比宋明亡时真正再像也没有了！”。傅警告那些麻木的国人，如果照此下去，做亡国奴的那一天实在不远了！

1932 年秋，傅斯年在《独立评论》发表题为《“九·一八”一年了！》的纪念文章，认为九一八事变是“我们有生以来最严重的国难”。无独有偶，就连向来以政治立场温和著称的《大公报》，这时也公开发表社评指出："（日本）充其野心，直欲灭我全国，奴我全民，中国当局者，纵欲屈辱妥协，苟安旦夕，已决非日阀所许。"基于此观点，社评呼吁"四万万中国国民"立即行动起来，制止国共内战，"鞭策政府，俾得悉移剿共之兵力财力，以度此空前非常之国难，此真爱国志士所当剑及履及求其实现者也"。

知识界之所以形成如此高度共识，就在于他们深刻认识到：九一八事变不单是近百年来东亚历史上最大的一个转折，也是20世纪以来继第一次世界大战和俄国十月革命后的第三件全球大事。从此，中国的抗日战争揭开了世界反法西斯战争的序幕；从此，中国逐渐升级为世界反法西斯战争的东方主战场；从此，"走向抗战"也成为中国知识界的必然选择。

本文来源：2017年2月27日《北京日报》第19版

章太炎如何同抗战投降派作斗争?

肖伊绯

1931 年九一八事变后不久，章太炎在给弟子孙思昉的信中说：“东事之起，仆无一言，以为有此总司令、此副司令，欲奉、吉之不失，不能也。东人睥睨辽东三十余年，经无数曲折，始下毒手。”他强调，虽然抵抗未必能胜，但“败而失之，较之双手奉送，犹为有人格也。辽东虽失，而辽西、热河不可不守”。

北伐之后，一直不承认南京政府、一直反对一党专政并遭到国民党通缉的章太炎，本来一直闭门研学，不问国事。此刻面对日军入侵，当局军队却不抵抗的怪现状，他终于忍无可忍，痛斥抗战投降派。

1931 年 10 月，章太炎收到弟子马宗霍的赠书《音韵学通论》。他将该书通读一遍后，于当年 12 月 7 日复信马宗霍。按常理而言，这封信的内容本应是古文字学的学术交流，可章太炎却在信中大谈国事，再一次痛斥了抗战投降派，对国家现状深感沉痛。信文转录如下：

宗霍足下，前得《音韵学通论》三册，略已阅遍，大致不误。东事起后，当局已不能禁人言论，而老子终无一言者，盖拥蒋非本心所愿，倒蒋非事势所宜，促蒋出兵必不见听，是以默尔而息也。逮今拟划锦州为中立区域，则放弃东三省之志已决。学生群呼打倒卖国政府，亦奚足怪！但闻北来诸生复垂意于粤人夫己氏者，斯可谓暗甚也。陈友仁之东行所谈何事，见诸东国报纸，无可揜饰。然则校论宁粤两方，宁方则秦桧也，粤方则石敬瑭也。秦固屈伏于敌，石则创意卖国者。去秦求石，其愚缪亦太甚矣。此事起时，误在求联盟会。既不敢战，又不敢直接交涉。迁延时日，致敌之侵略愈广，而袁金铠辈汉奸政府亦愈巩固。此后敌虽撤兵，汉奸政府可撤乎？彼以不侵中国领土为名，而假其权于汉奸。乃施肇基辈绝未言及，亦可怪也。今日之势，使我辈处之，唯有一战……

章炳麟白　十二月七日

章太炎在这封信中，将蒋介石视为秦桧，将汪精卫视为石敬瑭，认为这些投降派均难以拯救国家于危难之际。他更进一步指出，所有外交努力，所有国际交涉，都应建立在“敢战”的基础之上，否则都毫无意义。在当时情势之下，汉奸与卖国贼大行其道，就正是投降派们“不敢战”的结果。他激奋地宣告，“今日之势，使我辈处之，唯有一战”，并再次发出了与致孙思昉的信中相似的感慨，称即使“明知必败”，也应当奋勇应战，因为这关系到人格国格，因为“战败而失之与拱手而授之，有人格与无人格既异，则国家根本之兴废亦异也”。

但章太炎在“拥蒋”与“倒蒋”之间，心态也是极其矛盾的。他自谓“盖拥蒋非本心所愿，倒蒋非事势所宜”，但相比汪精卫等“创意卖国者”，还是希望能“促蒋出兵”抗战。在大敌当前的紧要关头，章太炎还是以国家利益为重，衷心期望政府当局为抗战发出统一号召。不仅如此，他更以一系列实际行动，痛斥当局投降派，声援各地抗战，全力“逼蒋”抗日。

1932 年 1 月，章太炎与熊希龄、马相伯、张一麐、李根源、沈钧儒、章士钊、黄炎培等知名人士，联名通电，痛斥当局不抵抗，强烈要求发动全民抗战。电文说：“守土大军，不战先撤，全国将领，猜贰自私，所谓中央政府，更若有若无”，要求国民党各派首领“立集首都，负起国防责任，联合全民总动员，收复失地”，否则“应即日归政全民，召集国民会议，产生救国政府，俾全民共同奋斗”。几天后，章太炎又率张一麐、赵恒惕、李根源、沈钧儒等，联名通电全国。这则《请国民援救辽西》通电，对东北义勇军的奋勇抗敌予以高度评价，称“义勇军以散兵民团合编，妇女老弱，皆充负担之役，胜则如墙而进，败则尽室偕亡，所谓将军有死之心，士率无生之气者，于此见之”。他严斥当局“素无斗志，未闻以一矢往援”，指出“国家兴亡之事，政府可恃则恃之，不可恃则人民自任之”。

1932 年 1 月 28 日，日军又悍然对上海闸北发动突然袭击。驻守上海的第十九路军将士在人力、物力均处于劣势的情况下，奋起自卫，顽强抵抗，史称一·二八事变，就此拉开了淞沪抗战的序幕。章太炎此刻正居于沪上，目睹日军的残暴与十九路军的英勇，大为感动与激奋，为之撰写《书十九路军御日本事》。他盛赞此次战斗中十九路军的表现，称“自清光绪以来，与日本三遇，未有大捷如今者也”。篇末，他仍不忘再次告诫当局，应当团结一致，勇于“御外”而非“内争”，文中写道：“自民国初元至今，将帅勇于内争，怯于御外，民间兵至，如避寇仇。今十九路军赫然与强敌争命，民之爱之，固其所也。”

1936年5月，在章太炎逝世前一个月，蒋介石终于致信章太炎，保证相互信赖，庶几团结一致共渡难关。6月4日，章太炎于逝世前10日，复信蒋介石，最后一次痛陈利害，促其抗日。信末，他谆谆告诫道：

> 若夫开诚布公，以悬群众，使将相之视枢府，犹手足之头目，转移之妙，自在庙堂，此非草野所能与，而固不能不殷殷期望者也。匆遽阵辞，当不以临渴掘井为诮。

这是章太炎最后一次提醒蒋介石，全民族统一抗战乃大势所趋、势在必行，不可再犹豫权衡、但求自保，必须尽快“开诚布公，以悬群众”。

遗憾的是，章太炎没能看到全民族统一抗战的大幕开启。1936年6月14日，章太炎病逝于苏州锦帆路寓所。自九一八事变以来，章太炎以老迈之躯，口诛笔伐，南北驱驰达5年之久，以一代文士的赤诚良知，向政府、学界、民众大力呼吁，为全民族统一抗战奔走呼号，不遗余力，为其早已著作等身、声名远播的个人生涯画上了壮丽苍凉的句号。半年之后，1936年12月12日，西安事变爆发，张学良、杨虎城不得已以武力逼迫蒋介石，中国终于走上了国共合作的全民族抗战之路。

本文来源：2015年7月27日《北京日报》第19版

如何认识长城抗战的历史地位和意义?

姜廷玉　刘中刚

长城抗战是指 1933 年 1 月至 5 月，中国军队抗击侵华日军进攻热河，以及长城的冷口、古北口、喜峰口和滦东等地的系列作战的统称，是九一八事变以后中国军队在华北地区进行的第一次大规模抗战。

日本侵占中国东北三省后即开始筹划侵占热河，在此背景下长城抗战爆发

1933 年 1 月 1 日，日本天津驻屯军秦榆守备队队长落合正次郎谋划挑起事端，制造进攻借口。1 月 2 日，关东军第 8 师团第 4 旅在航空兵和海军各一部支援下向山海关中国驻军第 9 旅第 626 团发起攻击。该团在旅长何柱国的指挥下奋起抗击，至 1 月 3 日下午伤亡过半，奉命撤退，山海关陷落。山海关失利不在守军作战不力，而

在后援不济，实力相差悬殊。

1933 年 2 月中旬，日本关东军司令长官武藤信义下令进攻热河。2 月 22 日至 3 月 4 日，日军相继占领上述地区和热河省会承德。以冯占海部等为代表的各部义勇军在国民党军队主力纷纷撤退的情况下，以远比不上国民党军队主力的装备坚持斗争，不断袭击日军。同时，国民党军第四十一军第 117 旅乘夜袭击日军第 6 师团司令部，沉重打击了日军的嚣张气焰。

从 1933 年 3 月上旬至 5 月下旬，长城抗战可分为三个时期。

第一时期是 1933 年 3 月 5 日至当月月底的长城东段各隘口的争夺战。这一时期的作战主要是冷口、界岭口战斗，喜峰口、罗文峪战斗，古北口附近战斗等。在 20 余天的作战中，一线作战部队均积极应战，并适时实施灵活战术予以反击，以血肉之躯给日军以沉重打击，基本将战线稳定在长城各隘口。喜峰口战斗在这一时期最为著名。此战的主角——国民党军第二十九军，充分利用标志性装备——大刀，在夜战中发挥了关键性作用，给予日军沉重打击，打出了中国军队的威风，“振奋了全国的人心”。因此而诞生的《大刀进行曲》，成为抗战代表歌曲。

第二时期是 1933 年 3 月底至 5 月初的长城东段南侧的作战。这一时期，日军在进攻长城各隘口受阻后，调整战术，改取侧后包抄战术，在长城东段南侧的滦东和南天门交替发动进攻，威胁驻守长城各隘口的中国守军侧背。中国军队何柱国部借势谨慎跟进，收复滦东地区。古北口作战在这一时期最为悲壮。

第三时期是1933年5月的长城以南冀东作战。傅作义部第五十九军与日军第8师团进行了长城抗战的最后一战，广大官兵面对日军炮火，坚守阵地。可悲的是，怀柔战事方酣之时，国民政府代表接受了日方代表的城下之盟，和日方交涉停战事宜。5月25日，双方正式停战，长城抗战就此虎头蛇尾地结束了。

中国军队表现出了抵御外侮、视死如归的民族精神，给嚣张的日军以沉重打击

整个战役过程中，中国军队先后调集14个军20余万人，日军先后投入4万人。据统计，双方伤亡比例达15.3：1，远远高于1932年淞沪抗战的同比数字。这一伤亡比例可以说明长城抗战的悲壮。造成这一悲壮结局的最主要原因即双方武器装备相差悬殊，相比较，中国军队有兵无枪，有枪缺弹。

但是在长城抗战中，中国军队表现出了抵御外侮、视死如归的民族精神，给嚣张的日军以沉重打击，在全中国乃至世界人民中产生了积极影响。

本文来源：2015年5月25日《北京日报》第22版

第二次国共合作是如何达成的?

刘庭华　李东朗

在艰苦卓绝的中国人民抗日战争中，民族觉醒和民族精神升华到了全新的高度。正如毛泽东所说：“这个战争促进中国人民的觉悟和团结的程度，是近百年来中国人民的一切伟大的斗争没有一次比得上的。”

抗日民族统一战线的建立、巩固和发展，对夺取抗战胜利起到了核心主导作用

抗日战争是中华民族从近代以来陷入深重危机走向伟大复兴的历史转折点，在这场关系民族存亡的生死决战中，中华民族发扬了“兄弟阋于墙外御其侮”和“天下兴亡，匹夫有责”的爱国主义精神，空前地团结在抗日民族统一战线伟大旗帜下，一致对外，共赴国难，奋勇抵抗，最终打败了日本法西斯侵略者，为中华民族的复兴开辟了一条新道路。

毛泽东在全国抗战之初曾指出：以国共合作为主的抗日民族统

一战线的建立，“这在中国革命史上开辟了一个新纪元。这将给予中国革命以广大的深刻的影响，将对于打倒日本帝国主义发生决定的作用”。抗战的历史证明，毛泽东的预言十分正确。可以说，抗日战争的胜利，就是抗日民族统一战线的胜利。爱国主义奠定了抗日民族统一战线的政治思想基础，形成了前所未有的民族凝聚力，而中国共产党倡导的以国共合作为主的抗日民族统一战线的建立、巩固和发展，则对团结全国人民坚持持久抗战、争取抗战的最后胜利，起到了核心主导作用。

抗日战争是拯救民族危亡的伟大的民族解放战争，是一场与强大敌人的殊死决战。日本帝国主义侵略中国，是欺负中国落后和不统一。为了战胜日本帝国主义，中国共产党积极倡导和努力促成抗日民族统一战线，坚持、维护和发展这个统一战线，从而为全民族的抗日战争的发动、坚持和胜利奠定了基础。中国共产党倡导并建立抗日民族统一战线的成功实践，彰显了统一战线作为“法宝”的巨大能量。

为促成抗日民族统一战线的建立，国共双方都作出了重大的让步和贡献

为了促进抗日民族统一战线的建立，中国共产党表现出伟大的政治胸怀和宽宏精神，在对蒋介石国民党的政策上，由“反蒋抗日”变为“逼蒋抗日”，最后调整为“联蒋抗日”。

中国共产党在九一八事变后就旗帜鲜明地提出坚决抗日的主张，

号召全国民众实行坚决的斗争，一致反对日本强暴占领东三省实行帝国主义压迫的战争；指示全党加紧组织领导发展群众的反帝国主义运动，大胆地警醒群众的民族自觉，“真正地进行革命的民族战争”。1932 年 4 月 15 日，中华苏维埃共和国临时中央政府发布《对日战争宣言》，决心“以民族革命战争，驱逐日本帝国主义出中国”。据此，在东北极其险恶的环境中，中国共产党组织掀起大规模的抗日斗争（东北抗联）。虽然在关内由于一直遭受国民党大军的“围剿”，大规模抗日行动难以全面展开，但中国共产党拯救民族危机之志始终不渝。

1933 年 1 月，毛泽东、朱德以中华苏维埃共和国临时中央政府和工农红军革命军事委员会的名义，向国民党军队提出停止内战、一致抗日的建议。1935 年，中国共产党发表了著名的《八一宣言》，主张“无论各党派间在过去和现在有任何政见和利害的不同，无论各界同胞间有任何意见上或利益上的差异，无论各军队间过去和现在有任何敌对行动，大家都应当有‘兄弟阋于墙外御其侮’的真诚觉悟，首先大家都应当停止内战，以便集中一切国力（人力、物力、财力、武力等）去为抗日救国的神圣事业而奋斗”。1935 年 12 月，中国共产党又在瓦窑堡会议上确定了建立抗日民族统一战线的策略方针，在全国各界引起了广泛的反响。从此，停止内战、一致抗日的呼声成为势不可当的潮流。

1937 年 2 月，中国共产党声明在政策上作出更大调整，保证“（一）在全国范围内停止推翻国民政府之武装暴动之方针；（二）苏维埃政府改名为中华民国特区政府，红军改名为国民革命军，直接受南京中央政府与军事委员会之指导；（三）在特区政府区域内实施普选的彻底的民主制度；（四）停止没收地主土地之政策，坚决执行抗日民族统一战线之共同纲领”。七七事变后，中国共产党立即发表抗战宣言，通电全国，呼吁“全中国人民、政府和军队团结起来，筑成民族统一战线的坚固长城，抵抗日寇的侵略！国共两党亲密合作抵抗日寇的新进攻”。

1937 年 7 月 15 日，中国共产党又向国民党送交《中共中央为公布国共合作宣言》，重申共产党的四项保证。这四点保证是中国共产党作出的重大的“带原则性的让步”。它彰显了中国共产党抗日救国的坚毅精神和顾全民族利益大局的博大胸襟，是中国共产党为中国抗日战争作出的重大贡献。

国民党方面，随着民族危机的日益严重，1935 年 11 月，国民党五大宣言表示，在“最后关头”“自必决然牺牲”（抗日）。1936 年 7 月，国民党五届二中全会表示“如遇有领土主权再被人侵害”即是其容忍的“最低限度”。在对日本退让酿成大祸后，国民党被迫逐步改变对日政策。

国民党作为中国当时最大和最有影响的政党，在九一八事变后一直推行“攘外必先安内”的错误政策，丢失了东北三省和华北不少国土，遭到全国人民的强烈反对和谴责。但西安事变后，国民党蒋介石加大了准备抗战的力度，改组国民政府，调整内外政策，加紧抵抗日本侵略的军事准备，并开始国共第二次合作的谈判。七七事变后，国民党蒋介石进一步坚定了抗战的决心。1937 年 7 月 17 日，蒋介石在庐山发表谈话强调，“如果战端一开，那就是地无分南北，年无分老幼，无论何人，皆有守土抗战之责任，皆应抱定牺牲一切之决心”。8 月 13 日，日军进攻上海。14 日，国民政府发表《自卫抗战声明书》，宣称：“中国决不放弃领土之任何部分，遇有侵略，惟有实行天赋之自卫权以应之。”15 日，蒋介石下达全国抗战的总动员令。蒋介石国民政府还开放了党禁，承认了包括共产党在内的其他政党的合法性，释放了政治犯，接受并实现了第二次国共合作，承认了共产党领导的陕甘宁边区政府的合法地位。

本文来源：2015 年 4 月 13 日《北京日报》第 19 版

“八路军”番号何时正式启用？

刘 岩

八路军是中国共产党领导的主要抗日武装力量，但是关于八路军及其所辖各师、旅的番号何时正式启用的问题，很多人并不清楚。比如，有的文章称八路军第 115 师 343 旅番号的宣布时间是 1937 年 8 月 21 日。“宣布”意味着正式命名，即名称的启用。这是不准确的，因此有必要介绍一下红军正式改编为国民革命军第八路军及其所辖各师、旅的番号的情况。

西安事变后，国共两党代表于 1937 年 2 月 9 日在西安举行第一次正式会议，商讨国共合作的主要问题。2 月 10 日，中共中央发出电报，向国民党提出五项要求，表示国民党若能以此为国策，共产党愿保证：工农政府改名为中华民国特区政府，红军改名为国民革命军，直接受南京中央政府与军事委员会之指导。后来，谈判出现波折，中国共产党作出了一些让步。

卢沟桥事变爆发的第二天，毛泽东、朱德、彭德怀、贺龙、林彪、刘伯承、徐向前致函蒋介石，表示：“红军将士，咸愿在委员长领导之下，为国效命，与敌周旋，以达保土卫国之目的。”7月17日，洛甫、毛泽东致电叶剑英转在庐山与国民党谈判的周恩来、博古、林伯渠等：“从大局出发，在谈判中对红军改编后的指挥机关可以承认平时设政训处指挥，朱德为正主任，彭德怀为副主任。但战时不能不设军事指挥部，以资统帅。”同日，周恩来、博古、林伯渠同蒋介石、邵力子、张冲会谈，向蒋建议，“以《中共中央为公布国共合作宣言》为国共两党合作的政治基础，并尽速发动全国抗战”。

7月28日，周恩来一行回到延安，同党中央商议红军改编出动抗日事项，决定：“立即取得西安行营同意，红军集中三原迅速改编，编足四万五千人，三个师上设总指挥部（将来可让步为军部），朱德任正职，彭德怀任副职。”

8月22日，国民政府军事委员会宣布将红军编入国民革命军序列，将北伐战争时被撤销了的第八路军番号授予红军。军事委员会委员长蒋介石委任朱德为八路军总指挥，彭德怀为副总指挥。8月25日，毛泽东、朱德、周恩来签发中革军委关于红军改编为国民革命军第八路军的命令，公布了八路军和下辖第115师、第120师、第129师以及所属各旅的番号，并委任了各级主官。这成为八路军诞生的标志。

9月11日，国民政府军事委员会下达命令，第八路军改称第十八集团军。9月26日，毛泽东指出，十八集团军是战时序列，八路军是平常称呼，现在各省都知道八路军。这两个名义都要，注意在前方统称十八集团军。1939 年 2 月 10 日，中共中央书记处指示：“八路军名称为敌人所畏，为国人所爱，决不应轻易更改。”

本文来源：2015 年 8 月 24 日《北京日报》第 18 版

陈嘉庚“电报提案”为何被称为“最伟大的一个提案”？

李东朗

1938 年 10 月，爱国华侨陈嘉庚给国民参政会发去的“电报提案”，被称为“古今中外最伟大的一个提案”。回顾这个“电报提案”事件并深入了解其真实情况，可以给我们带来多方面的历史思考。

汪精卫深患“恐日病”，在全国抗战激烈进行之时竟倡言对日“和平”

1937 年卢沟桥事变后，在以国共合作为主体的抗日民族统一战线旗帜的召唤和指引下，中华民族掀起空前规模的民族解放战争。中国军民以极其英勇的斗争，粉碎了日本侵略者“速战速决”“三个月灭亡中国”的阴谋。但在这为正义而战的大潮中，却不时出现破坏全国团结抗战的逆流。

时任国民党副总裁的汪精卫被日本的实力吓破了胆，视抗日为危途，极力宣传民族失败主义，进而转化为投降主义，一再主张和要求对日妥协、和解。1938 年 10 月，日军进攻广州、逼近武汉。汪精卫对中国抗战的前途更加悲观，他在对德国海通社记者谈话中公开宣称：中国在抵抗侵略之际，同时并未关闭第三国调停之门，不过调停之能否成功，须视日本和平提议之内容为断耳。如条件不妨碍中国之生存与独立，则或可为讨论之基础。几日后，他接见英国路透社记者，再次表示愿与日本谈判实现“和平”，谓：如日本提出之议和条件，不妨害中国国家之生存，吾人可以接受之，为讨论之基础，一切视日方所提出之条件而定。

路透社以“汪精卫发表和平谈话”为名报道了上述言论，引发国际上许多猜测，“外间盛传（中日）和议”，甚至传出中国已接受意大利调解，与日本商议和平条件，蒋介石下台等传言。国民党的一些官员本来对抗日救国信心不足，受之影响，此时也就表现出“倾向于和平”的态度。

在中华民族与日本侵略者进行殊死抗争之时，身为国防最高会议副主席和国民参政会议长的汪精卫竟然倡言与敌人“和平”，这是一种严重的背叛行为。它蛊惑视听，破坏中国抗战大业，危害甚大。

陈嘉庚在规劝汪精卫无效后，为了遏制“投降”狂澜，向国民参政会发去了一个“电报提案”

全国抗战爆发后，侨居新加坡的陈嘉庚积极为祖国抗战奔走呼喊，他听说汪精卫主张与敌“和平”妥协之初，本不相信确有其事。

在看到路透社的报道后，他以南洋华侨筹赈祖国难民总会主席名义致电汪精卫，探询其事，并告诫之：“敌暂时得意，终必失败”，“和平绝不可能，何若严加拒绝，较为振奋人心也”。

但汪精卫在回复陈嘉庚的电报中，坚持其谬论，并强词夺理地说：盖抵抗侵略与不拒绝和平，并非矛盾，实乃一贯。和平条件如无害于中国之独立生存，何必拒绝？于是，陈嘉庚再电汪精卫，忠言规劝：先生居重要主位，关系至大，倘或失误，不特南侨无可谅解，恐举国上下，皆不能谅解。“万望接纳老友忠告，严杜妥协之门，公私幸甚。”1938 年 10 月 26 日，在进一步获悉汪精卫投降活动的消息后，他发电严厉警告之：先生主和甚力，事虽绝不能成，难免发生摩擦，淆乱观听。今日国难愈深……坚持抗战，终必胜利；中途妥协，实等自杀……坐享渔利，唯有敌人。他严词驳斥汪精卫的谬论：秦桧阴谋，张昭降计，岂不各有理由，其如事实何哉……万乞俯顺众意，宣布拥护抗战到底，拒绝中途妥协，以保令誉，而免后悔，不胜迫切待命之至。

然而，汪精卫当时已经与日方秘密接触，准备铤而走险，因此对陈嘉庚的规劝置若罔闻。他敷衍说：“侵略国破坏和平，被侵略国保障和平，抵抗侵略，国内之团结，国际之援助，全恃此为立脚点。此为中央一贯之方针，无论何时，均有阐明之必要。当此危急存亡之际，谣言繁兴，尤赖明识辨正之也。”陈嘉庚的劝阻，没有奏效。

陈嘉庚在规劝汪精卫的同时，亦分别致电国民政府行政院院长孔祥熙和国民党要人宋子文，后又致电蒋介石。其意在于提醒和希望国民党当局阻止汪精卫的“和平”阴谋，但未得要领。蒋介石答之以“抗战决策，已发布告国民书”，孔祥熙的回电竟称关于汪精卫的言论是“谣言”。

陈嘉庚还希望借助舆论力量，阻止汪精卫的活动。他将上述几封电报在新加坡的一些报纸上公开发表，并将致汪精卫的电报拍发重庆某报，请为登载，结果对方慑于汪精卫的权势而没有刊载。于是，陈嘉庚以国民参政会参政员的身份，向即将召开的国民参政会发去一个“电报提案”，其主要内容为：日寇未退出我国土之前，凡公务员对任何人谈和平条件，概以汉奸国贼论。

陈嘉庚的“电报提案”犹如重磅炸弹，形成了反对投降主义的巨大冲击波

陈嘉庚的“电报提案”轰动一时，被称为“炸弹提案”，产生了巨大影响。

第一，开启了对汪精卫“和平”投降活动的重大斗争。其时，国民党内对汪精卫破坏抗战的“和平”谬论漠然处之，并以“批评官吏就是反政府”的规定控制舆论。因此在汪精卫等人的鼓噪下，“和平”谬论猖獗，而对其反对和批驳之声则难以公开。陈嘉庚以国民参政会提案的合法形式，打破了对汪精卫“和平”言论噤声的沉闷局面，把反对汪精卫“和平”活动的斗争公开化、合法化，因此开启了反对汪精卫“和平”投降活动的斗争。

第二，给予汪精卫等“主和派”沉重的一击。汪精卫屡发“和平”言论，是企图制造一种舆论，进而利用其议长的权力，操纵国

民参政会形成有利于其“主和”的决定，扩张声势，为实施投降主义阴谋打基础。陈嘉庚提案的目标十分明确，就是与汪精卫“和平”主张对冲，挑战和打击其投降主义。汪精卫深切感觉到了其指向所在，因此在对该提案的讨论中派人群起围攻。由于该提案反映了中华民族的根本利益，因此得到与会多数参政员的赞同，最终以“公务员不得谈和平”为题通过。这对汪精卫及其代表的“主和派”是沉重的一击。

第三，与中共反对汪精卫投降主张的斗争形成有力的配合。对于汪精卫的阴谋，中共洞悉其奸，予以坚决的斗争。《新华日报》发表评论，严正指出：“时至今日，如犹有人欲谋妥协或投降者”，“实系破坏吾人抵御外侮之决心，无疑为一汉奸，为虎作伥”，“势将为国人所弃”。国民参政会召开之时，中共参政员林祖涵等提出的《严惩汉奸傀儡民族叛徒以打击日寇以华制华之诡计而促进抗战胜利案》指出：“一切参加南北各省傀儡组织之民族败类，削除其国籍……人人得诛之。”与会6名中共参政员联名提出的《关于克服困难渡过难关持久抗战争取胜利问题案》等提案，均具有反对汪精卫“和平”投降逆流的强烈针对性。经过与汪派的激烈斗争，中共的这些提案作为重要提案都获得通过。这些提案与陈嘉庚的“电报提案”互相配合，成为这次国民参政会的主旋律，形成坚决抗日、反对议和投降的强大声势。

本文来源：2015年8月3日《北京日报》第19版

如何认识东北抗联教导旅在解放东北中的独特贡献?

刘振清

日本帝国主义为了彻底消灭东北抗联，于1940年大规模向各抗联部队“讨伐”。在这种情况下，东北抗联在斗争中迫切需要与中断数年的中共中央取得联系，还迫切需要有个休整的地方，希望共产国际和苏联能给予协助。1940年1月至3月，中共吉东和北满党代表会议在苏联伯力召开，会议除了决定采取逐渐收缩、保存实力的方针外，抗联同时与苏联有关方面达成协议，在坚持中国共产党对东北抗联领导的前提下接受苏方的必要援助，通过共产国际争取与中共中央取得联系。

1940年11月至1941年12月，抗联部队相继越界，到靠近中苏边境的苏联境内组成南、北两个野营，进行休整。1942年8月，经苏方同意，苏联境内的抗联部队集中组成东北抗联教导旅，亦称苏联远东方面军独立第88步兵旅，周保中任旅长，李兆麟任政治副旅长，崔石泉任参谋长。抗联教导旅装备由苏联供给，服装按苏军配发，干部战士被授予苏军军衔，薪金等待遇与苏籍官兵相同。

1945 年 8 月 9 日凌晨，百万苏联红军在华西列夫斯基元帅的指挥下，进军中国东北，向日本关东军发起猛烈进攻。在短短 10 天的对日作战中，苏军共缴获飞机 925 架、坦克 369 辆、炮 1260 门、机枪 4830 挺、步枪 30 万支，俘敌将级军官 148 名及其以下官兵 60 万名，毙敌 8 万。

在此过程中，东北抗联与苏军配合密切，作出了独特贡献。

首先，抗联小部队的侦察活动为苏军对日作战的顺利进行奠定了坚实基础。东北抗联教导旅在苏联境内进行系统的军事训练和政治学习的同时，还派遣 10 多支小分队返回东北，在北满、吉东、东满和辽吉边区进行游击活动，侦察敌情。他们的侦察对象包括关东军的工事位置、数量、质量和人员住所、弹药库、飞机场、桥梁以及军队的数量、调动情况等，侦察范围达东北地区 30 余个县，基本摸清了日伪在中苏边境苦心经营建立起来的 17 个筑垒地域的防御体系。对日作战前夕，苏军最高统帅部绘制了边境地带日军防御工事详图，下发给连以上军官人手一册。如果没有小部队的军事侦察活动是不可能做到的。

其次，配合苏军直接参加对日作战。东北抗联教导旅和进攻东北的苏军一起制定了反攻东北的作战方案，并随苏军一起行动。直接参加对日作战的抗联部队分为三部分，其一是伞降到东北的先遣小部队。1945 年 8 月 8 日夜，数十支抗联先遣小分队乘苏军飞机伞降到东北，最先投入战斗，起到解放东北的先锋作用。其二是在苏联各方面军中执行向导任务的抗联小分队。抗联战士熟悉东北地形，能够准确指引作战方向和目标，这就使苏军能得心应手地行军作战。其三是原来一直在东北坚持游击活动的抗联小部队。他们在大反攻开始以后，立即向日军发起猛烈进攻，有力地配合了苏军的行动，加速了战争的进程。

再次，率先抢占57个战略要地，打击日伪残余。日本投降后，中共东北党委员会立即讨论制订了新的作战计划，将“反攻东北”改为“接收东北”，确定了57个战略要地，准备派员接收。从8月底到9月9日，抗联指战员先后进入东北57个战略要地。这57个战略要地包括东北三省省会及三省一切重要的战略城镇，为中国共产党建立巩固的东北根据地打下了坚实的基础。

所以，东北战事结束后，华西列夫斯基元帅向抗联教导旅发来热情洋溢的贺电。他说：第88旅英勇的中国战士们，感谢你们用生命和鲜血换来的情报，为我们远东军进攻中国东北起了重大的作用，特别是对日本关东军戒备森严的要塞、堡垒进行的侦察和营救活动，高度体现了中国战士的优秀品格和顽强的战斗精神。

本文来源：2010年5月17日《北京日报》第20版

是谁破获了日本偷袭珍珠港密电？

何虎生

全民族抗战爆发后，全国各方要求取消国民党特务组织及秘密小团体的呼声非常强烈。在这种形势下，蒋介石不得不对国民党特务组织进行改组，组建了中统和军统两大特务系统。

中统是“中国国民党中央执行委员会调查统计局”的简称，正式成立于 1938 年 3 月，工作重心在国民党党政机关内部，另一个重点就是暗中打击一切反对派政党，尤其是共产党，此外对于社会舆论、思想言论也负有监控责任。

军统是“国民政府军事委员会调查统计局”的简称，成立于 1938 年 8 月，前身依次是军事委员会密查组、复兴社特务处、军事委员会调查统计局第二处，主要负责军、宪、警部门以及对外的情报安全工作。

全民族抗战期间，国民党的这两大特务组织也从事了一些破获日本情报和锄奸等活动，如刺杀汉奸汪精卫和日本间谍、政要人员。国民党还先后设有密电研究组织，侦收和研究日本的密电电码，从中截取情报，如军委会密电研究组、交通部电政司电检所、军统局特种技术研究室、军政部研译室等。

史料披露，破获日本偷袭珍珠港密电的，是国民党情报人员池步洲。

1941 年 5 月开始，国民党军事技术委员会主任专员池步洲在破译的日本外交密电中，发现日本外务省与檀香山日本总领事馆的往来电报数量剧增。电报内容主要为：日本外务省多次要求檀香山日本总领事馆报告美军舰艇在珍珠港的数量、舰名，停泊的位置，进、出港的时间，珍珠港内美军休息的时间和规律，夏威夷气候情况等。12 月，池步洲又截获一份日本特级密电，结合此前译出的军事情报，他推测日本袭击地点可能是珍珠港。

池步洲把译出的电报交给组长，组长也很重视，指示池步洲继续密切注意日本有关珍珠港的往来密电，一有破译立即上报，并且指示池步洲每月专就此事写出报告，上报侍从室。池步洲按指示每月写出报告，并将有关内容摘记在自己的笔记本上。不久，国民党方面将此情报告诉了美国方面，但没有引起美方的重视。

本文来源：2010 年 5 月 17 日《北京日报》第 20 版

抗战期间国民党情报部门有什么战绩？

孙果达

在世界反法西斯战争中，国民党情报部门非常注意电报破译技术，打了不少漂亮的破译战，尤其是在太平洋战场上进行了许多重要情报活动。

一是组建“豁庐”，破译日“南进”密电。全民族抗战开始后，为了加强破译能力，军统在重庆神仙洞街 94 号一座大洋房内成立了电讯技术研究所，秘密代号“豁庐”，直属蒋介石领导，并通过中国驻美武官秘密聘请了美国电报破译专家赫伯特·雅德利。戴笠调集 50 多名工作人员、50 多台侦听机、200 多名侦听员，主攻日本陆军的密码系统。在雅德利在华工作的 2 年中，“豁庐”共收到日本陆军的密电 22 万多份，重点研究 2 万多份。雅德利留下的几本专门研究密码“易位”和“替代”等变密技术的小册子帮了中国大忙，使得军统随后能够比较顺利地破译日本海、空军的密码，其中比较著名的就包括破译日本的“南进”密电。

军统得知日军即将“南进”并非具体知道日军将于何时进攻何地，主要是知道日军即将有所异动。起因其实也很简单，就是在 1941 年 12 月初，“豁庐”发现日本外务省命令香港、马尼拉、夏威夷和新加坡等日本领事馆将密码机和所有重要的密本密件全部销毁，只留下一种普通的密本，听候命令。与此同时，军统驻厦门鼓浪屿侦听台一位姜姓女侦听员发现日本海军电报非同寻常，同时发现厦门海面有日本军舰异动，并立即向“豁庐”报告。这引起蒋介石的重视。因为当时中国政府正在紧张研究日本究竟会不会“南进”，鼓浪屿侦听台的报告具体证实了日军的“南进”企图，促使中国政府决定向美国通报这一情报。随后的事实证明，中国的情报是准确的，姜姓女侦听员也因为功不可没而荣升为军统系统唯一的情报女少将，领导一个相关的情报部门。

二是破译日军轰炸英舰的情报，让英国大使吃了一惊。英国巨无霸战舰“威尔士亲王”号当时号称炸不沉的战舰。英国把“威尔士亲王”号调到远东，原本是想起到对日本的威慑作用，不料很快被日机炸沉。事实上，军统也侦探到了日军这次行动的情报。1941 年 12 月 10 日上午 10 时，军统成都、重庆两个侦听站监听到了日本侦察机与西贡日本空军基地的对话，说新加坡北方百余海里处发现英国的大型兵舰，请求迅速派飞机轰炸。军统知道日本空军一直在寻找“威尔士亲王”号，就立刻将这一重要情报通知英国驻华大使柯尔，但柯尔根本不相信军统有这样的破译能力，因此，未能及时通知军舰早作准备。当天近 13 时 50 分，“威尔士亲王”号被炸沉。戴笠当时几乎在同步听取汇报，并命令军统第二处国际科科长代表蒋介石把英国的两艘大型主力舰在激战近两个小时后沉没的不幸消息，用电话向柯尔通报。第二天柯尔代表英国政府向中国政府致谢时，对情报的迅速与准确表示了很大的惊奇和钦佩。

三是配合美军在太平洋战场的行动，获取许多重要情报。军统先后指示在上海、闽侯、定海、漳州四个地方设立情报站，并归属东南办事处指挥。这四站最重要的工作是收集太平洋战争后日军占领南洋各地的动态、部署，以及在华调动等战略情报。特别是战争后期，上海成为日军的主要港口，军统利用各种手段，或混入码头，或打入内部，基本掌握了日军运什么货、有多少量、到哪里去、何时起航等重要情况。这些情报协助美军飞机在海上进行了卓有成效的狙击，发挥了一定作用。为此，军统的有关部门和人员受到了美国政府和军方的多次感谢和嘉奖，军统前进指挥所的负责人还先后被美国政府授予 6 枚勋章。

另外，我们也要看到，军统在抗战中的对日无线电侦破得到了中共情报部门的大力协助。当时中共中央把破译日军电报密码的情况主动通报给国民党。蒋介石立即派遣一位少将参议前往延安索取，得到了已经破译的日军密电码以及八路军缴获的日军三套密电码本。蒋介石对此很高兴，立即分别印发给军统及各个有关部门，这对军统破译日军密码起了重要作用。据军统大头目沈醉说，军统破译了日本空军的密码，因此对每次日机准备轰炸的目标都能作出比较准确的预报，对后方的防空起了很大的作用。

本文来源：2010 年 5 月 17 日《北京日报》第 20 版

为什么美军观察组的报告预言中国的未来属于共产党？

徐　焰

中国抗战的目的，不是单纯的“打日本”，还要荡涤腐朽的旧制度的污泥浊水，从而促进社会进步。因而从宏观的角度看抗日战争史，就不能单纯地使用军事行动这一种维度，单纯计算和比较谁在抗日阵营中拥有的兵力多和武器好，而要用进行民族、民主革命双重任务的两种维度来衡量。除了要看抗击日军的数量，还要看谁推动了中国社会的进步。

中国进行的抗日战争，主要是以国民党和共产党这两支最大的政治力量共同进行的。战争的进程和胜利本来为两党的发展都提供了机会，只是国民党因其自身腐朽失去了人心，也失去了机会。国民党当局在抗战时的最大历史错误，便是拒不进行社会改革并加重民众痛苦。国民政府军事委员会副委员长冯玉祥曾感叹：政府视民众如草芥，民众便视政府如仇雠。

从抗击日军的表现看，国民党军队的许多将士确曾浴血奋战，但其高层却存在着许多指挥笨拙和腐败无能的现象，正面战场的会战多数失败也有这方面的主观原因。若是从中国社会进步的角度考察，国民党当局更有负人民希望。在20世纪30年代法西斯思潮兴起时，以蒋介石为首的国民党当局却同纳粹德国结成非常密切的关系，并学习其法西斯统治方式。那时国民党军队主要聘请德国军事顾问并购买德械装备，在日本侵华时还让德国居中调停，直至1941年因希特勒承认汪精卫伪国民政府而与重庆断交才中止了往来。国民党当局抛弃了孙中山的新三民主义，沿袭了封建专制主义的许多传统，又与法西斯主义相结合而形成了新专制主义。在抗战期间，国民党当局不给其他政党以合法地位，实行特务统治，导致各阶层进步人士（包括国民党内的部分开明者）在抗战期间便掀起了“反独裁，要民主”的运动。

比如，在整个抗战期间，国民党当局不仅不进行社会改革，不改善民生，当权者还大发国难财。蒋介石提倡“新生活运动”时号召不抽烟、不喝酒，力戒贪污，然而己不正焉能正人？他的亲属和心腹的极度腐化造成上行下效，利用外战消灭和排斥异己更激起内争不息。“前方吃紧，后方紧吃”和“内战内行，外战外行”的讽刺之词，可谓当时的社会对国民党当局最流行的讽刺。

再比如，1941年12月太平洋战争爆发后，国民党当局搭上美英战车，虽停止了对日谋和的试探，大后方腐化之风却急剧滋长。如蒋介石的连襟孔祥熙、内兄宋子文相继主管国家财政，借机自肥，而“孔二小姐”（孔祥熙、宋霭龄之女）则以走私暴富，卖官鬻爵，连孙连仲升任上将军衔也要向她疏通。著名经济学者马寅初公开谴责蒋介石“不是民族英雄，而是家族英雄”，结果被关进了集中营。蒋介石的爱将汤恩伯因在南口抗日打过硬仗一时闻名全国，然而他在管辖河南时有“河南四殃：水、旱、蝗、汤”的民谣，豫籍参政员在国民参政会上又称以“汤”害民最甚。当时第五战区司令长官李宗仁回忆，他接到控告汤恩伯部掠夺民财、民田、民女的状纸厚达盈尺，而蒋介石却放纵汤恩伯。

战争中的较量，最重要的是武器操纵者的素质较量，这包括士气、技术水平的对比。在全民族抗战初期，中国正面战场除了台儿庄一役取胜，其余会战都以败退告终。国民政府将失败归咎于武器落后。1944 年春到 1945 年初，已是强弩之末的日军对豫湘桂进攻，竟然又让国民党军队一溃千里，沦陷了有六千万人口的地区。在战争胜利前夕，正面战场又出现大溃败，不仅使反法西斯盟国感到惊讶，也受到国内人民愤怒谴责，国民党当局再也无法推诿于武器的原因，而称“军纪、风纪”不振。

抗战期间的国民党大部分军队（印缅远征军等少数部队除外）战斗力不强，除武器系统性、标准性差之外，关键在于组织领导者腐朽昏聩，武器操纵者素质低。国民党军队提升军官主要靠私人关系而不重才能，征兵又主要靠强抓壮丁，川、黔军的一些部队还是大烟枪不离手的“双枪兵”，其精神面貌和军事素质之糟不问可知。相比之下，日军士兵大多经受“武士道”熏陶和严酷训练，如战争初期和中期的步兵出征前至少要在各种条件下打靶耗弹数百发。据一些抗战老兵回忆，许多“鬼子兵”在乘车行进时举枪射击，仍能较准确地打中百米内的目标，他们对兵器的操作、保养水平更是远优于国民党军队。

国共两党部队在抗战中的表现如此不同，连美国派到中国战区的参谋长史迪威都盛赞共产党而一再斥责蒋介石集团无能，主张将援华武器一部分分配给“能打日本”的部队，即八路军。1944 年美军派到延安的观察组的报告，也预言中国的未来将属于共产党。

抗日战争是“对外推翻帝国主义压迫的民族革命和对内推翻封建地主压迫的民主革命”。从这个观点出发，从人民战争这方面说，是国民党政权的力量由盛转衰、中国共产党领导的人民力量由弱转强的过程。在这个过程中，中华民族的民族意识空前觉醒了。中华民族复兴的希望在哪里？在中国共产党领导的抗日根据地里，在中国共产党领导的武装力量里。总的来说，在第二战线已经开辟、敌后战场不断扩大的同时，正面战场却屡战屡败，全国人民，特别是大后方人民对国民政府领导抗战到底的能力，发生了从未有过的怀疑。敌后抗日根据地政治民主，民心向上，国民党统治区独裁专制、贪污腐败横行，大后方的大学教授、工商界人士、民主党派的政治倾向发生了动摇。美国记者、大后方报纸记者纷纷访问延安，黄炎培等 6 位参政员延安之行，都大大增加了人民对国民政府的不信任，而把新中国的希望、把中华民族复兴的希望寄托在延安，寄托在中国共产党身上。

总之，抗战胜利不仅赢得了民族独立，也通过改造旧社会，赢得了民主进步，中华民族复兴有希望了。

本文来源：2015 年 8 月 10 日《北京日报》第 17 版

为什么说两个战场的战略配合是抗战胜利的重要基石？

刘庭华　李东朗

抗日民族统一战线的建立是实现全民族抗战的前提，而正面与敌后两个战场的战略配合是抗战胜利的重要基石。

正如毛泽东在《战争和战略问题》中所提出的，“国民党担任正面的正规战，共产党担任敌后的游击战，是必须的，恰当的。”统一战线内的这种分工，既符合全国抗战军事战略上的需要，又符合国共两党和两军的自身情况。国民党掌握全国政权，控制全国资源，拥有 200 余万人的正规军，且装备水平远远高于中国共产党领导的武装力量，理所当然地担任正面战场的正规战。中国共产党所领导的抗日武装力量数量少、装备差，但政治素质高，善于做群众工作，长于游击战和运动战，独立作战和生存能力强，适于担负开辟敌后战场、坚持敌后抗战的战略任务。两个战场缺一不可，在统一战线旗帜下，发挥各自的优长，采取不同的作战形式和手段，以抗击日本侵略军。两个战场的相互配合，构成了有利的战略布局。

敌后战场形成之后，主要在战略上积极地配合和支援正面战场。这种配合、支援主要表现在两个方面。

一是作战行动上的配合、支援与策应。当正面战场国民党军队与日军进行徐州会战、武汉会战时，八路军以主力一部挺进冀鲁平原，牵制日军第二军，威胁其后方，分散其兵力。同时，以晋冀豫、晋察冀边区部队破坏平汉、津浦的铁路交通，以支援正面战场。特别是 1940 年 6、7 月间，当日军加紧政治诱降，并攻占宜昌，造成溯江而上威胁重庆之势时，八路军于 8 月在华北敌后战场发动了有 105 个团、20 万余人参加的百团大战，歼灭日军 4 万余人，瘫痪了日军的主要交通线，把日军的主要注意力引到自己身上，减轻了正面战场的压力，极大地支援了正面战场。

二是战略、战役指导上的协商与建议。全国抗战开始后，当国民党当局准备研究全国抗战的战略方针和部署时，中共中央提出了《确立全国抗战之战略计划及作战原则案》，并以周恩来、朱德、叶剑英为代表，参加在南京召开的国防会议，积极建议全国抗战应实行持久战的战略方针和外线速决运动战的作战指导原则。当国民党军队与日军进行忻口战役、太原会战时，毛泽东和周恩来、朱德、彭德怀向第二战区司令长官阎锡山建议：要加强娘子关和龙泉关的防守，指出这是保卫太原和山西腹地的关键所在；战役部署上应将主力置于敌两翼，一部扼守正面阵地。然而，这些建议并未被接受，导致日军突破娘子关，威胁太原侧后，造成全线溃败、太原失守的危局。与此相反，在正面战场第五战区进行徐州会战时，周恩来、叶剑英等人的建议，得到李宗仁的赞同，从而取得了台儿庄战役的重大胜利。此外，周恩来、叶剑英等还在国民党南岳军事会议上，介绍敌后战场抗战，特别是游击战的经验，并协助国民党开办游击干部训练班，培训游击战的指挥员。

在战略防御阶段，正面战场对敌后战场的配合、支援也是比较好的。正如毛泽东所说，国民党在 1937 年和 1938 年，抗战是比较努力的，同共产党的关系也比较好。从七七事变到武汉失守，历时一年零四个月，正面战场先后进行了太原会战、淞沪会战、徐州会战、武汉会战 4 次大规模战略防御性战役，共毙伤俘日军 25 万余人，牵制日军 70 万余人。国民党军队为此付出了伤亡 104 万余人的重大代价。因而，正面战场为彻底粉碎日本帝国主义“三个月灭亡中国”的速战速决的战略企图，起了决定性的作用。同时，它在客观上起到了掩护八路军、新四军和华南抗日游击队等在敌后实施战略展开的配合作用。

在敌后战场形成之初的反击日军围攻的作战中，国民党军队或直接配属八路军参加反围攻作战，或间接配合，都曾起到积极作用。1938 年 2、3 月间，八路军第 120 师在反击日军对晋西北抗日根据地围攻的作战中，得到了国民党军队傅作义部的积极配合，从而粉碎了日军的围攻，并收复了 7 座县城。4 月，八路军总部指挥第 129 师、第 115 师 344 旅和山西新军一部，在配属的国民党军队 2 个军另 3 个师的积极配合下，粉碎了日军 3 万余人对晋东南抗日根据地的“九路围攻”，并收复县城 17 座。对配属作战的国民党军队，毛泽东曾指示八路军总部和各师指挥员：应采取爱护协助的态度，不使他们担任最危险的任务……力戒轻视、忽视、讥笑、漠不关心及把他们置于危险地位等错误态度。

尽管抗战进入战略相持阶段后，正面战场在其最高当局消极抗战的错误政策引导下，“敌人来了招架一下，敌人退了袖手旁观”，但它仍然牵制日军兵力30%至40%，这对敌后战场在客观上也起到了战略配合作用。

不难想象，如果只有一个战场，那么日军就可以毫无顾忌地集中全力于一线作战，并且可以充分利用其占领区的人力、物力等资源，不断增强其战争力量，使其“以战养战”“以华制华”的战略图谋得逞。虽然两个战场的配合并未尽如人意，但两个战场都功不可没。两个战场抗战的历史告诉我们：一个民族、一个国家，要战胜强大的敌人，要独立、富强，屹立于世界民族之林，就必须团结一致，同舟共济。

在共同御敌过程中，国共双方也有斗争和摩擦，但抗日民族统一战线始终没有破裂。

在抗战中，参加到统一战线中来的各阶级、政党、派别、军事集团，虽然也为各自的利益斗争过、摩擦过，有时甚至矛盾十分尖锐，但统一战线却始终没有破裂，其主要原因是中国共产党起了核心主导作用。中国共产党不仅倡导和推动了抗日民族统一战线的建立，实现了全民族的抗战，而且还有力地维护了统一战线的巩固和发展。

对于抗日民族统一战线和国共合作，中国共产党有着非常清醒的认识和明确的主张。一是抗日民族统一战线是中国抗日战争发动、发展、坚持并最终取得胜利的基础及前提条件，而国共合作又是抗日民族统一战线的主干，因此明确提出对国民党“用长期合作支持长期战争”“使阶级斗争服从于今天抗日的民族斗争”两个基本理念，并强调“这是统一战线的根本原则”，积极推进和努力维护以国共合作为基础的抗日民族统一战线。二是坚持独立自主原则。保持党在政治上、组织上、思想上的独立性，坚持党对抗日武装和敌后根据地的领导权；对国民党既联合又斗争，与其联合抗日，并不懈努力，而对其反共、损害抗日的方面进行斗争。

与国民党的斗争，中国共产党秉持“以斗争求团结”的方针和“有理、有利、有节”的原则。在击退第一次反共高潮后，派人与国民党谈判，达成停止武装冲突、划区抗战的协议。皖南事变给中国共产党造成重大损失和极大伤痛，中国共产党在政治上、宣传上进行猛烈反击，但在军事上取守势，把反击限制在不破裂国共合作和影响中国抗日战争大局的范围内，并且在打退第二次反共高潮后，仍配合了国民党的豫南会战。与此同时，提出“坚持抗战，反对投降；坚持团结，反对分裂；坚持进步，反对倒退”的政治口号，号召和动员国内外力量和各种因素制约国民党顽固派的反共倒退行为。这些对国民党顽固派形成有效制约，阻止了时局逆转。

需要强调的是，这种应对对于有着长期遭受国民党屠杀和镇压历史、记忆深刻的中国共产党来说，殊为难得。正是中国共产党理性而有节制的应对，维系了国共合作和抗日民族统一战线的局面。

今天，所有中华儿女都应怀念和珍惜抗战中全民族同仇敌忾、英勇杀敌的高昂民族斗志和民族凝聚力，怀念和珍惜抗战中全民族团结一致、舍身救国的高度爱国主义精神。在抗日战争时期，中华民族的爱国主义与中国古代历史上的“爱国须忠君”及近代“爱国排外”的狭隘民族主义，均有本质的区别。抗战胜利的历史昭示我们，团结对中华民族来说是非常重要的，爱国、团结永远是中国人民的精神支柱和力量源泉。

本文来源：2015 年 4 月 13 日《北京日报》第 19 版

怎样认识国民党持久抗战的主张？

陆卫明

在全民族抗战爆发之前，国民党内一些军事战略家已经看到第二次中日战争无法避免，提出中日一旦开战，中国可以在对日作战中实施持久抗战。蒋百里就多次向国民政府建议，以“拖”的战略拖垮日本。1935 年春夏，蒋介石也曾构想中国对日“至和平绝望时举全国力量从事持久消耗战，争取最后胜利”。李宗仁于 1936 年 4 月在广州对记者发表谈话中提出“焦土抗战”，即“利用我广土众民、山川险阻等优越条件来困扰敌人，作有计划的节节抵抗的长期消耗战”。1937 年全民族抗战开始，8 月 7 日，国民政府召开国防会议，正式决定“采取持久消耗战略”。此后，蒋介石多次宣扬“今次抗战，利于持久”。不过，国民政府的持久抗战思想并不系统，主要散见于蒋介石的多次演讲和文章中，主要内容如下。

第一，等待国际形势改观，依赖外力取胜。在蒋介石看来，当时的中国积贫积弱，没有现代化作战的条件，如果贸然与对中国侵略蓄谋已久的现代化国家日本作战，结局只是败亡而已。这也是九一八事变以来他奉行对日不抵抗政策与所谓“攘外必先安内”政策的重要缘由。全民族抗战爆发后，他甚至坦言："现在如单就军队力量比较，当然我们不及敌人，就拿军事以外两国实际国力来较量，也殊少胜利把握"，"我们的着眼点，并不在此"。这是国民党持久抗战理论的基点。对蒋介石持久抗战的真谛，胡适一语道破天机。他说：凡涉和战大计，总不外"苦撑待变"四字。"'苦撑'是尽其在我，'待变'是等候世界局势变得于我有利之时！"胡适的"苦撑待变"四字真言，深得蒋介石持久抗战之精义。1941 年 12 月，太平洋战争爆发，对国民政府来说无疑是望眼欲穿的特大喜讯，蒋介石认为"抗战政略之成就，至今已达于顶点"。从此，他就不再怀疑抗战最后胜利问题，于是把更多的精力转移到对付共产党方面去了。

第二，以空间换时间，积小胜为大胜。从等待国际局势改观这个战略基点出发，蒋介石与国民政府所谓持久抗战的具体方策就在于争取时间，即"以空间换时间，积小胜为大胜"。这是国民党持久抗战战略的核心内容。1938 年 2 月，蒋介石在《抗战必胜的条件与要素》的演讲中明确说："我们现在与敌人打仗，就是争时间。我们就是要以长久的时间来固守广大的空间，要以广大的空间，来延长抗战的时间，来消耗敌人的实力，争取最后的胜利。"在他看来，中国幅员广阔，有极大的回旋余地，敌人一时无法全部占领广大土地。战争本来就是为了争取时间与空间。"以空间换时间"实质是一种拖延战术，其目的是等待外援，等待国际形势的改观。对此，李宗仁也明确指出："根据我的分析，我们抗战的战略重心便是以空间换时间，以待世界局势的转变。"

第三，以西南为抗战大后方。1935 年 8 月 11 日，蒋介石在峨眉训练团对川滇黔三省各级干部演讲中指出：“我敢说，我们本部十八省哪怕失了十五省，只要川滇黔三省能够巩固无恙，一定可以战胜任何的强敌，恢复一切的失地，复兴国家，完成革命。”1938 年 11 月，国民政府举行国防最高会议，决定将首都迁移到重庆，标志着这一战略构想正式付诸实施。向以四川为中心的内陆地区退却，这是国民党“持久抗战”的重大战略部署。国民政府与蒋介石确定以四川为中心的西南为大后方这个战略布局也是有一定根据的。首先，整个西南地区地处内陆，地形复杂，易守难攻，利于持久。其次，东南地区沦陷后，中国海岸被敌封锁，通过沿海及中越铁路的国际交通线均被切断，如能保有西南，尚可确保滇缅公路这条国际交通线，获取源源不断的美英军需。最后，四川气候温润，物产丰饶，地广人众，享有“天府之国”的美誉，也利于持久。因此，以四川为中心的西南被蒋介石看作“抗战之策源地”和民族复兴基地。应当肯定，蒋介石国民党把西南定为抗战后方基地，把内地大量工业、企业、商业、学校及战略物资迁入西南，对持久抗战、拖垮日本，起了一定作用。

第四，“二期抗战”的战略阶段构想。武汉、广州失陷后，中日战争陷入相持阶段。1938 年 11 月，国民党召开第一次南岳军事会议，蒋介石在会上提出抗战进程分为两个时期：武汉失守以前为第一期，即向内陆退却时期；武汉失守以后为第二期，即转守为攻、反败为胜时期。他说：“第一期的任务，在于尽量消耗敌人的力量，掩护我们后方的准备工作，确定长期抗战的基础，完成我们第二期抗战战略与政略上的一切部署。第二期的任务，就要承接前期奋斗的成绩，实施我们第一期中所部署的一切计划与发挥我们抗战的力量，以达到抗战胜利与建国成功的目的。”这就是国民政府与蒋介石对抗战发展进程的总体构想。对此，陈诚阐释道：“即在战略上初期之‘以空间换时间’，第二期之‘积小胜为大胜’，以配合盟军之整个战略。”蒋介石“二期抗战”的阶段性战略构想，并不认为需要有一个战略相持阶段，而是企图径直由战略防御转到战略反攻。而事实上，战略相持阶段，恰恰是整个抗日战争时期最为关键的阶段，因而“二期抗战”并没有反映抗日战争发展规律，缺乏具体的战略指导价值。

本文来源：2015 年 5 月 4 日《北京日报》第 19 版

国共两党的持久抗战思想有何本质区别?

陆卫明

针对抗战“亡国论”与“速胜论”甚嚣尘上的现象，国共两党中不少有识之士在持久抗战的总的战略方针上达成了共识，对抗日战争的胜利具有重要的指导价值。但是，仔细考察国共两党关于持久抗战的战略主张，可以发现两者的确存在不少区别，甚至是本质差异。

第一，持久抗战的理论基点不同。依赖外力取胜，是国民政府与蒋介石持久抗战的基本依据。这正如朱德所指出的，它“把战争胜利寄托在日苏战争和太平洋战争上面，不寄托在自己的政治改革、军事改革和抗战努力上面”，存在着侥幸心理，把抗战命运寄托在英、美、法、苏各国与中国“共同一致来打日本”之上。理论基础并不扎实，无异于把“持久抗战”这座理论大厦奠基于流沙之上，所以说，这是一条不发动民众的片面的抗战路线。事实上，任何战争都是交战双方政治、经济、军事、人心乃至外交的总体战，争取外援固然重要，但这不过是外因，关键在于内因。对此，毛泽东指出："战争的胜负，固然决定于双方军事、政治、经济、地理、战争性质、国际援助诸条件……还须加上主观的努力，这就是指导战争和实行战争，这就是战争中的自觉的能动性。"这种"自觉的能动性"主要是指人民战争之伟力。

中共关于抗日持久战的理论主要奠基于发动民众起来抗日，实行全面的抗战路线，认为"战争的伟力之最深厚的根源，存在于民众之中"，只要积极动员人民起来抗日，就会使日本侵略者像一头野牛冲入火阵。正如洛川会议所强调的，要打倒日本帝国主义，关键在于使已经发动的抗战成为全面的全民族的抗战。主要依赖外援还是发动民众，这是国共两党关于持久战理论的不同基点，实质上反映出了两条不同的抗战路线。

第二，持久抗战战略战术原则的差异。蒋介石关于抗日持久战的战略战术原则，过多重视阵地防御作用，轻视运动战和游击战，这是一种消极防御的战略战术。蒋介石在1937年8月18日宣布的五项作战原则中，强调了阵地战的基本方针，"我们要固守阵地……这是我们抗倭胜利唯一要诀""要多筑工事，层层布防，处处据守"，并着重指出，"敌人的利器是飞机、大炮、战车，我们的利器是深沟、高垒、厚壁"。

为实施阵地战，蒋介石还制定了有进无退的"连坐法"，命令部队"誓死拼命，坚强抵抗"，"持久死守"，不许后退。在敌强我弱的条件下，历代高明的军事家都主张实行积极防御的方针。而国民党正面战场在抗日战争的战略防御阶段，却实行消极防御的作战方针，忽略了敌强我弱的根本特点，与日军争一城一地的得失，以无数将士的血肉之躯去填入敌人的火海，造成重大损失，这与持久战略的目标相背离，对持久抗战不利。

毛泽东早在1936年就曾预测，在未来的对日作战中，“中国军队要胜利，必须在广阔的战场上进行高度的运动战，迅速地前进和迅速地后退，迅速地集中和迅速地分散。这就是大规模的运动战，而不是深沟高垒、层层设防、专靠防御工事的阵地战”，主要实行运动战，辅之以阵地战。全民族抗战开始后，毛泽东又系统地提出：“在全体上，运动战是主要的，游击战是辅助的；在部分上，游击战是主要的，运动战是辅助的。”尤其是把敌后游击战提到了战略高度，这是一大发明，其根本原因在于当时的中国是处于进步时代的大而弱的国家。这是一种积极防御的战略战术。事实证明，中共敌后根据地的广泛开辟和人民武装力量的迅速壮大，与毛泽东这一军事战略战术原则密不可分。

第三，持久抗战战略阶段划分上的区别。蒋介石把持久战略分为两个阶段，称抗战第一期为战略防御时期，把抗战第二期称为转败为胜的反攻阶段，否认战略相持阶段的存在，这是基于“等待国际局势改观”的指导思想而制订的战略计划，自然难以认识、把握抗战进程和规律。蒋介石“二期抗战”阶段说没有也不可能揭示抗战的真实进程和发展规律，反映出其理论的偏颇与战略短视，缺乏对抗战的指导价值。

对蒋介石“二期抗战”的战略阶段划分，毛泽东曾作过批评：“如果承认持久战或长期战争，又不赞成三个阶段，那末，所谓持久与长期就是完全抽象的东西，没有任何的内容与现实，因而就不能实现任何实际的战略指导与任何实际的抗战政策了。实际上，这种意见仍属于速胜论，不过穿上‘持久战’的外衣罢了。”

毛泽东根据中日双方的不同特点进行科学考察，预测中国抗日战争必然经历战略防御、战略相持、战略反攻三个阶段。事实证明，这是富有洞察力的真知灼见。他对持久战特别是战略相持阶段的种种特点的论述，对指导抗日战争的胜利起到了重要作用。

本文来源：2015 年 5 月 4 日《北京日报》第 19 版

北平人民如何抗战?

谢荫明

在对日作战的沙场上，在北平这片热土上，到处活跃着杀敌的英雄儿女。北平沦陷后，为了迟滞日军西进南下的步伐，国民政府调集各路大军汇集南口，集结的中国军队兵力达 6 万余人。南口战役中，广大参战将士前赴后继，英勇拼杀，伤亡近 2 万人。从 1933 年长城抗战至 1937 年南口战役，国民政府军队在与日军的作战中共伤亡 2.5 万余人。

八路军建立起来的平西、平北、冀东等平郊抗日根据地，1938 年至 1945 年，与日伪军作战 4200 余次，共毙伤俘日伪军 4.6 万余人。在取得辉煌战绩的同时，八路军及地方武装也付出了极大的代价。

北平抗日斗争植根于老百姓支持和拥护的土壤之上。老舍通过《四世同堂》中人物的口，说出了全民族抗战爆发时北平人的心里话：“我不怕穷，不怕苦，我只怕丢了咱们的北平城！一朵花，长在树上，才有它的美丽；拿到人的手里就算完了。北平城也是这样，它顶美，可是若被敌人占据了，它便是被折下来的花了！”

1937 年 7 月 29 日，日军进占北平城。“最爱和平的中国的最爱和平的北平，带着它的由历代的智慧与心血而建成的湖山，宫殿，坛社，寺宇，宅园，楼阁与九条彩龙的影壁，带着它的合抱的古柏，倒垂的翠柳，白玉石的桥梁，与四季的花草，带着它的最清脆的语言，温美的礼貌，诚实的交易，徐缓的脚步，与唱给宫廷听的歌剧……不为什么，不为什么，突然的被飞机与坦克强奸着它的天空与柏油路！”

但是，北平人民没有屈服。佟麟阁、赵登禹马革裹尸，以死报国。在南口阻击侵略者的中国军队，坚守阵地 20 多天，歼敌 1.5 万余人，击碎了日军“三个月灭亡中国”的幻想。中共北平地下党员按照中央指示，大部南下或在平郊开展抗日游击战争。1937 年 7 月，党领导下的国民抗日军成立。接着，平西、平北、冀东抗日根据地先后建立并逐步扩大，一直在平郊坚持敌后抗日斗争。

因此，全民族抗战期间北平形成了这样一种独特的抗战局面：北平城沦陷，但是城内的反抗从来没有停歇，有组织的袭击、暗杀、反日宣传不断，与抗日根据地的联系没有断；日军企图包围和分割华北抗日根据地，实际上华北各个根据地连起来却反包围着日伪军统治下的北平城。

到 1944 年 9 月，日伪军只能龟缩在北平周边一个狭小的范围之内，平郊的农民积极参加抗日根据地的建设，参加游击队、八路军，用枪杆子保卫祖国的领土，捍卫劳动的果实。作家周而复当时描绘了这样一幅图景：“游击部队就在大红门一带活动，大红门离北平城的永定门不过三十里；北面十三陵、昌平、怀柔一带是北平抗日根据地；东面是冀东军分区，它的前哨部队一直到通州附近，控制了整个这一条华北和东北之间的走廊；在平西，出西直门不到六十里地，便有我们的抗日政权。所以北平就在八路军的包围之中，这其实也不是什么奇迹，有人民的地方，就有八路军。”共产党领导的八路军像一个不可撼动的巨人，站在平郊，守卫着国土，保护着人民。

北平的民众从来没有屈服，也从来没有绝望，他们除了进行反日锄奸的武装斗争，还为城外的八路军送情报，送物资，送药品，送人员。在城市和乡村之间，建立起的秘密交通线有六七条之多。在这些交通线上，经常有大批青年学生和国际友人往返，如林迈可、班威廉夫妇、武乐文、霍尔、布朗基斯等等。在门头沟的妙峰山，在海淀的东北旺、西北旺等地，在著名的潭柘寺，抗日的武装和根据地的军民及北平城的居民都有过直接的接触和交往。甚至有许多人，登上北海的白塔，遥望着云海深处的西边山峰，好像依稀可见祖国胜利的远景，“西山犹在不用愁，自有太平时候”。

本文来源：2015 年 7 月 6 日《北京日报》第 16 版

北平抗战作出了哪些重要历史贡献？

谢荫明

北平抗战是中国人民抗日战争的重要组成部分，北平抗战为中国人民抗日战争乃至世界反法西斯战争的胜利作出了重要贡献。

第一，具有光荣爱国传统的北平人民始终站在抗日救亡运动的最前线。从九一八事变声援东北同胞到一二·九运动掀起抗日救亡运动的高潮，从长城抗战发出民族危亡的最强音到卢沟桥事变掀开全民族抗战的大幕，北平人民在华北的最前线树立了一面抗日民族解放的旗帜，给全国人民增强了抗日必胜的信心，提高和扩大了中国共产党的影响。

第二，平郊抗日根据地是华北抗战的重要战略支点及晋察冀边区的屏障和护卫，也是八路军战略反攻、挺进东北的堡垒阵地。平郊抗日根据地形成对北平伪政权的包围，牵制了大量日军兵力，对伪蒙疆、伪华北、伪满洲国三个傀儡政权都构成了威慑，成为插在华北日伪心腹上的尖刀。战略反攻阶段，平郊部队积极配合苏蒙联军作战，成为华北中国共产党军队向察哈尔、热河、东北挺进的阵地。

第三，中国共产党发动和领导沦陷时期北平城内地下斗争，向根据地输送了大批人才，运送了大量物资，搜集了许多宝贵的情报，有力支持、配合了华北敌后抗日根据地的斗争。特别是抗战后期，在以刘仁为领导的晋察冀分局城委（城工部）的领导下，配合武装斗争，进行卓有成效的统战工作和情报搜集工作，瓦解日伪，保护、壮大革命有生力量，成为争取抗战胜利的一条重要战线，为解放战争锻炼了一批坚定革命骨干。

第四，北平人民为中国抗日战争的胜利作出了重大的贡献。成千上万的优秀儿女参加了八路军和地方抗日武装，驰骋沙场，有的为国捐躯，有的立功受奖，有的成长为军政指挥员或地方领导干部。北平人民与八路军生死与共，并肩战斗，为了支持抗战，保护八路军和抗日干部，不惜献出自己的家园、财产甚至亲人的生命，涌现出一大批邓玉芬式的支前模范，谱写了许许多多可歌可泣的英雄篇章。

本文来源：2015 年 7 月 6 日《北京日报》第 16 版

抗战家书如何写真又写心?

张　丁

家书是写给家人、亲友的文字，是写信人内心世界的反映，因为写下的是心里话，古代又把写信称为“写心”。由于写信人生活在社会中，因此家书又反映了当时的社会生活，可以说万千家书描绘了五彩斑斓的社会生活。写于抗战时期的那些家书中，既有高级将领一心保家卫国的战斗豪情，亦有普通士兵朴素的爱国热忱；既有各阶层民众共赴国难的民族自觉，亦有普通民众颠沛流离中的亲情传递，生动鲜活地展现了中国人民长达 14 年的抗战心灵史。

日寇入侵给中国人民带来了巨大的心灵磨难

烽火连绵的抗战中，很多普通的中国人家园被毁，亲人失散，他们的悲惨遭遇和生前留下的家书，成为控诉日本军国主义侵略罪行的铁证。

在中原大会战的准备声中，武汉密布着恐怖空气，走啦！走啦！

重庆、成都、香港、上海，纷纷地忙着奔波，我呢，满望到了汉口，或许在生活上有一点儿希望，如今可毁啦！不单舍却你们，在外面度那可怜岁月，而且要跟上四姊逃难哩！……乱世做人，简直不是人，过到哪里就算，也忧急不了许多。这几天，这里谣言很大，说要“轰炸武汉”，管他呢！“在劫不在数，在数最难逃”，我便听天由命吧！

这是上海沦陷后小学教员姚稚鲁奔波逃难时在家书里跟妻子说的话。说完这话不久，他就在忧愤交加中去世，但无人知晓他死于何处。只有他先后寄给妻子女儿的 10 余封家书，成了这位年轻的丈夫和父亲留在世上仅有的痕迹。

1937 年 8 月 13 日，淞沪会战爆发，11 月 12 日，中国军队抵挡不住日军的猛烈进攻，放弃上海，全线撤退。至此，历时三个月的淞沪会战结束，上海沦陷。这对于姚稚鲁一家而言，也是噩梦的开始。姚稚鲁家原住在上海南市，淞沪会战爆发不久，南市区老城厢很快陷入敌手，百姓纷纷逃难，姚稚鲁只得带妻子马芳珍和两个女儿慰瑾、亚瑾逃往法租界妻子的三哥家。面对纷乱的时局和越来越难以为继的生活，姚稚鲁与妻子反复商量，几经犹豫，于第二年 4 月的一天，最终决定告别妻子和两个年幼的女儿，独自一个人揣着 100 元钱，到南昌、武汉等城市谋生。谁也未曾料到，这一走竟是他与家人的永别！

慰儿：要知道没有了你们便没有了我，所以我最低的条件是不许你们离开了我，前几天寄十块钱，并且带寄了四毛大洋给你和妹妹买东西吃的，想必已经收到，明天，到了汉口自然再要寄一点给你，你总要乖些，不要叫你妈生气，要知道，我虽然在外面，一颗心却天天在你身上呢！

姚稚鲁流亡期间，正值中日几次大会战之际，华中兵荒马乱，难民如潮。他先后寄回上海的家书也能看得出写于匆忙之中，纸张大小不一，书信形式各异，落笔草草，仓皇之势显然。从家书中，不难看出姚稚鲁临终前那几个月凄怆的生活和悲凉的心态。

我的病吗？怕不会好了，因为这里医院不但是少，而且诊费奇贵，没有上海那么便当，要是看一次，起码得四块钱，叫我出得起吗？——有没有送诊的医院？打听不出来——就是在家里。我自从到了这里，没有洗过一次澡，这里的苦处想你总该明白。总而言之，我的病生在破业的时候，就是该死！

姚稚鲁本想在内地找到一个落脚之处，再返回上海接来妻子女儿团聚，无奈这一愿望一直没能实现，却多次遇见日机轰炸和一拨一拨逃难的人群。他身在外，心在家，每天纠结于分离的苦痛之中。

“悲莫悲兮生别离”，古人早有此言，我为什么要舍却你们千里迢迢在外面奔走呢？

疾病、恐惧、生活无着，交织折磨着羸弱的姚稚鲁。随着战线不断往内地推进，浙江、江西、湖南、湖北均成为前线，直到姚稚鲁命丧武汉，他也没能找到一个安稳的后方。

姚稚鲁去世 6 年之后，湖南衡阳商会副会长、集益钱庄经理卢明璇也在逃难途中丢掉了性命。

1944 年 4 月，日寇板垣师团大举进犯衡阳。衡阳守军在卫戍司令方先觉率领下奋起反击，终因敌我力量悬殊，衡阳沦陷。沦陷前夕，卢明璇与同乡结伴西撤，欲往桂林寻找儿子。逃亡途中，他不幸遭遇日寇，为其所俘并被迫当了挑夫。卢明璇一介文弱商人，体衰年迈，哪能经受住这般蹂躏？所幸不久他乘隙逃出敌人的魔爪，后几经辗转，备尝艰辛，于 1944 年 9 月 17 日抵达广西阳朔一个叫福利市的小镇。此时的卢明璇饥寒交迫，孤苦伶仃，远望家乡，云山隔断。为了早日返乡，与亲人团聚，遂给儿子写下了一封求助家书。

奈我只剩身上单衣，又无铺盖，资斧又不充裕，在近日天晴尚可抵御，设遇北风，岂不冻死。情迫无奈，于今早离开兴平市（距桂林下水廿里），往阳朔进发，路途茫茫，行至此间，得遇同乡恒庆祥萧君留住一宿，嘱宜坐船往平乐，大概明天首途如会到。锦德备妥川资，必暂刻回里一走，否则马上返转荔浦，或搭汽车或跑路，决议往柳州而来，再搭火车经金城江到独山。话虽如此说，真是千山万水，愁肠百结，奈乎阮籍途穷，不能不履此危险之路。余目光所察，本年难回衡阳，像此萍踪靡定，将何得了？左右思维，势非找到吾儿，方免冻饿之苦，至于春元启它，它不知与汝有无通讯，满姑生死难以探听。午夜静思，目不交睫，一家五口，各别一方，言之实堪痛心！

然而当时正值战乱，邮路不通，直至抗战胜利后，这封家书才经由衡阳交通银行投递到已在屯溪交通银行任职的卢明璇的儿子卢达杰手中。之后，卢达杰又接到一位周姓同乡的来信，方才得知父亲寄出这封信不久，又离开福利市流落到柳州，后因身患疟疾，缺医无药，不幸病故，被周某等同乡安葬于柳州示范农场。

姚稚鲁和卢明璇都是普通的中国民众，他们的悲惨遭遇和生前留下的家书，成为控诉日本军国主义侵略罪行的铁证。可以肯定，命丧逃难路上的绝不止他们两人。据国民政府的调查，战时各省市难民及流离人民总数达9500多万人。抗战14年中，中国军民伤亡高达3500万人，其中江苏省伤亡就超过200万人。更多的中国人则是家园被毁，妻离子散。有家书为证。

> 日寇扰害，家人飘零，老母年近八旬，子身故土，衣食费用如何取给，每一念及，心肠俱裂，真所谓父子不相见，兄弟妻子离散，此种不幸时事不图于我辈亲见之也。（1940年7月2日 王南陔致侄孙王华林）

> 传闻家庭巨变，房屋遭敌寇烧尽，人虽幸免于难，但衣物、器具悉付火中。思念及之，不禁泪下。我家何此不幸？本来生活艰难，已不堪其苦，今罹此种灾祸，日后怎能设想？况母亲已近花甲之年，年来又不断遭劫，其中痛苦，自可想见。（1941年9月7日 钟敬之致弟弟钟敬文）

这样的家书还有很多，记录了侵华日军给中国人民带来的巨大的身体伤害、财产损失和心灵磨难，恕不能一一列举。

抗日将士血洒疆场的民族精神

一封封绝笔信、托孤信，将先烈们的内心世界展现在我们面前，中国军人保家卫国而不惜马革裹尸，表现出了应有的血性和民族气节。

司马迁在《报任安书》中说：“人固有一死，或重于泰山，或轻于鸿毛。”从此，泰山鸿毛之论作为一种生死观成为千古遗训，有气节的人都会作出自己的选择。国家有难，匹夫有责。抗战英烈们诀别父母妻儿，走向战场，抒写了一曲曲民族抗战的悲歌。

王孝慈，原名向宗仁，1927 年加入中国共产党，次年参加渭华起义，担任宜川特区党委书记。后担任晋中地委组织部长、冀西地委书记、太南区党委组织部长。在此期间，他的儿子向俊安参加了八路军，走向抗日战场，父子并肩作战。

1938 年 10 月，王孝慈给他的五弟向宗圣写信，鼓励他走出家乡，奔赴抗日前线。

> 你应立即奔上抗日的战场，在战斗的环境中创造你的人生，开辟你的前途！俊安是我的爱子，我既赞成他的行动，这决不是无意味的称赞。你了解吗？也希望你打破庸俗人的见解，勇敢地走上民族解放的战场，与俊安、与阿兄、与全中国抗战的朋友们、与全世界拥护正义的人士们，手携手的向光明、向真理的大道前进！

向宗圣原在家乡陕西渭南教书，在其兄的感召下，于 1938 年底离开家乡，奔赴山西抗战前线，参加了八路军第120师。1942年5月23日，在山西忻县兰村与日寇的激战中被炮火击中，不幸牺牲。

太平洋战争爆发后，应美国和英国的一再请求，1942年初，中国组建了远征军开赴缅甸。戴安澜奉命率第200师作为远征军先头部队赴缅参战，“扬威国外，藉伸正义”。3月，戴安澜率所部在缅甸同古保卫战中歼灭日军5000余人，但后在北撤回国途中遭日军伏击，受伤殉国。戴安澜牺牲后，人们在他的皮包中发现了两封信，其爱国情怀、报国之志，催人泪下。

亲爱的荷馨：

余此次奉命固守同古，因上面大计未定，与后方连络过远，敌人行动又快，现孤军奋斗，决以全部牺牲，以报国家养育！为国战死，事极光荣。所念者，老母外出，未能侍奉。端公仙逝，未及送葬。你们母子今后生活，当更痛苦。但东、靖、篱、澄四儿，俱极聪俊，将来必有大成。你只苦得数年，即可有出头之日矣。望勿以我为念。……

就在给妻子写了这封简短的绝笔信之后，戴安澜又给三位亲友写了托孤信，再次表示“余决以一死，以报国家！”。信中同时流露出他对家人的眷恋不舍：“余如战死之后，妻子精神生活，已极痛苦，物质生活，更断来源，望兄等为我善筹善后。人之相知，贵相知心，想诸兄必不负我也。”面对强敌，戴安澜践行了作为一名职业军人时刻准备为国捐躯的誓言。

走上前线杀敌救国，不仅是职业军人的职责，对于安徽省岳西县店前镇的农家子弟程雄来说，同样义不容辞。

九一八事变发生时，程雄还在店前高等小学读书，听到消息，他立志投军救国。为能掌握一些军事知识，他在体育老师的指导下，自制木枪、木手榴弹，在店前河滩上与同学们一起进行简单的军事训练。1938 年夏，他参加了第五战区安徽省动员委员会直属二十六工作团，积极参加抗日救亡活动，并加入了中国共产党，不久又参加了新四军江北游击纵队。1943 年 5 月，他被分配到新四军第 2 师第 5 旅 13 团 2 营 3 连任副政治指导员兼党支部书记、连长等职。临行前，他给双亲写下了一封家书。

亲爱的双亲大人膝下：

儿这次为了民族，为了阶级，为了可爱的家乡，为了骨肉相连的弟妹求得生存和幸福，儿不得不来信辞别双亲大人，如果不能活着的话，双亲大人应保重玉体，抚育好弟妹。生活难度的话，可卖掉土地、房屋，把生命糊过来，到十年八年我们就好了，有饭吃、有衣穿、有房子住。现在儿就要离开大别山，走上最前线消灭敌人，保卫中华，望双亲不要悲伤挂念。儿为伟大而生，光荣而死，是我做儿子最后的心意，罪甚！罪甚！

从信中可知，程雄已经做好了为国家和民族牺牲的准备，同时又以不能为父母尽孝而自责。发出此信 3 个月后，程雄在江苏省六合县桂子山与日军作战中壮烈牺牲，年仅 24 岁。

1941 年 12 月下旬，日军重兵进攻长沙，与中国军队展开第三次长沙会战。国民革命军陆军第 41 师 121 团 2 营 6 连排长褚定侯奉命坚守浏阳河北岸，阻敌南犯。在即将与日军决战的前夕，他提笔给大哥写了一封长达 6 页的信，读来令人荡气回肠。

弟部队已于昨日早晨出发进占阵地，而于昨日下午，师长亲自到弟阵地中侦察地形，改命弟单独守浏阳河北岸之村落据点，命弟一排死守此处，命弟与阵地共存亡。又云若在此能坚守七天，则可有办法。因此弟于昨日（廿五）晚率部到守地，连夜赶筑工事及障碍物，阵地之后五十公尺处即为大河，河阔水深，无舟无桥，此真为韩信之背水阵矣。本日情报：敌人已达汨罗江，计程三四日后能到此，然前线队伍，能毕力能抵，则能否到此，是为问题。加之本日湘北本年冬首次飞雪，则敌人之攻势，该稍挫缓矣。然吾军各师官兵均抱视死如归之决心，决不让敌渡浏阳河南岸来。弟告部士兵“不要他渡河！”一句话，敌此次不来则已，一来则拼一拼。弟若无恙则兄可勿念，若有不幸则请兄勿悲。古云：“古来征战几人回”，并请告双亲勿悲，生死有命，富贵在天，然弟一切自知自爱，务祈兄勿念。

发出这封家书后不久，日军就进至浏阳河一线，褚定侯率部与日寇昼夜血战，在前有强敌、后无援兵的困难情况下，直至全排官兵壮烈殉国，最后“与阵地共存亡”。

民族危亡时刻，不论国民党，还是共产党，不论是将军，还是士兵，中国军人表现出了应有的血性和民族气节，保家卫国而不惜马革裹尸，于是才有了卢沟桥第二十九军的奋起抵抗，才有了平型关的大捷，才有了“四行仓库”的顽强坚守，才有了台儿庄长达一个月的血战，才有了长沙、衡阳惨烈的保卫战，才有了“刘老庄连”的英勇牺牲，才有了佟麟阁、赵登禹、张自忠、左权等多位将军血洒疆场，才有了中国军队歼灭日军 150 万余人、为世界反法西斯战争作出巨大贡献的辉煌战绩。抗日将士的这种气节就是我们的民族精神，也是我们最终赢得抗战胜利的重要原因。家国情怀，催人奋进。一封封诞生于战火硝烟中的家书，将先烈们的内心世界展现在我们面前，时至今日，依然鲜活如初，感动你我。

各阶层民众同仇敌忾的民族情怀

“国难一天严重一天，凡是中国的国民，都要尽国民一分子的责任。”在救亡图存的危急关头，中国各阶层人民表现出了空前的民族团结。

九一八事变激起了海内外中华儿女的极大愤慨，人们充分利用各种方式宣传抗日，唤醒民族意识。在一封从菲律宾马尼拉寄往福建晋江的华侨家书中，采用了上海良晨好友社印制的多种抗日笺。抗日笺右侧印有“同胞速起！抗日救国！”口号，左上角印有不同的漫画图案，图案说明文字有“旱滴狗涎，何所逃命”“家亡国破，命贱如蚁”“人其手矣，就其口矣”，形象生动，发人深思。有的信笺上印有“勿忘国耻”“还我河山”等字样。有的信封上还加盖了“抵制日货”的印章，印章内容有“抵制仇货，坚持到底；卧薪尝胆，誓雪国耻”“欲救国亡，抵制仇货；万众一心，坚持到底”等。

为了有计划地培养大批抗日的军政干部，1936 年 6 月，中共中央在陕北瓦窑堡创办中国人民抗日红军大学，简称红大。次年 1 月，红大跟随党中央进驻延安，并改名为中国人民抗日军事政治大学，简称抗大，公开招生。1 月 20 日，抗大二期正式开学，至 8 月结束。这一期共设 4 个大队，学员 1362 人。韩雅兰就是第二期第四大队女生区队的学员。

韩雅兰 1905 年生于陕西省蒲城县，家庭条件优越，大革命期间参加中国共产党。1936 年 6 月从复旦大学国文系毕业，年底，她瞒着父母偷偷跑到延安上了抗大。1937 年 4 月 18 日在写给父母的家书中说：

> 儿要为改造不合理的社会而奋斗，为后来女子求幸福，也要和男人一样为国家民族求解放，作一点有意义的事业，总比被人家气死有价值得多。这就是儿此次来延安的主要原因，请大人想想，章乃器、沈钧儒他们都起来挽救国家，儿受家庭社会的养育一场，怎能坐视不顾？所以儿决定来此学习一点真实学问，去应社会，求中国民族解放的方法。大人爱儿也必知儿之性，对任何事，决不会轻举妄动，儿都经过长期的考虑过。这次到三原晓得了此地招生的事，儿曾经仔细地考虑过后才决定走的。因为时间的关系，不能回西安面商于大人。想大人看现在全国人民抗日的热情，也许会不再生儿之气。

尽管抗大的条件相当艰苦，韩雅兰却感到快乐。

> 这里（指延安）的物质生活比较外面苦些，但精神方面则比外面快乐得多。

抗大毕业后，韩雅兰奉党的指示返回西安从事地下工作，参加陕西妇女抗日救亡运动。1943 年 6 月因病去世，终年 38 岁。

1937 年 11 月，日军侵入浙江，杭州、绍兴、镇海、宁波、慈溪、余姚、温州、台州等地相继沦陷，金华、兰溪、丽水、衢州等内陆地区均成为前线。为挽救同胞的生命，正在同济大学医学专业读书的刘宗歆提前毕业，参加了红十字会医疗队。1938 年 6 月 11 日，刘宗歆在写给妻妹陈丽的信中说：

> 我现在又加入红十字会医疗队了。大考已过，成绩还满意。两三天后，就动身到金华去。金华现在比较是算前方了，伤兵很多，没有好医生来救护，医官都是不好的。金华现在虽然比较的危险，但我们仍是前去，多少人被枪杀了，多少财产土地被毁灭劫去了，难道我个人的生命还过分的重视！我很高兴能到前方去生活几时，到了那里，以后当再详告近况。

1939 年开始，侵华日军对浙江多地实施了细菌战，成千上万军民因疫情而丧命。1941 年 6 月 20 日，刘宗歆被聘任为浙江省衢县临时防疫处隔离医院医务主任。日军在浙江义乌、金华等地播撒鼠疫细菌，对手无寸铁的中国百姓实施细菌战。12 月 26 日，刘宗歆在写给妻子陈娟的信中说：

我在义乌诊治鼠疫已得五十多人，半死半活（发病后一天半内服药者多治愈，二天后服药者多死亡），疫势未减，很忙，短时间不能走开。

这年年底，刘宗歆在诊治病人时不幸染上了鼠疫，很快发病，没几日就去世了。

七七事变的消息传到南洋各地，华侨掀起了倾力支援祖国抗战的热潮，纷纷捐款捐物，购买救国公债，有的还参加义勇军回国参战。1939 年 4 月，树妹在从菲律宾马尼拉寄给福建晋江浅姊的家书中说：

環侄整装乘舟返国，但他此行不是回家省亲，乃是为国当兵服务而去。

浅姊居住在晋江檀林乡，她的環儿在马尼拉随姨父许文修在工厂做事。这位热血青年在菲律宾华侨组织的号召下回国参军，投身于抗日救国的队伍之中。

华侨虽身处海外，但对祖国遭难、同胞受辱感同身受，故在家书中常常可见教育子弟用功读书、诚实做人、诚信做事、尽忠报国的内容。比如 1931 年 10 月 31 日，侨居菲律宾的林锡国在寄给泉州儿女的家书中说：

> 现在我的唯一希望你们，就是在这东三省失地，还未收回，那里三千万的同胞，在暴日的铁蹄下，被他们蹂躏残杀，身受亡国惨痛，国难一天严重一天，凡是中国的国民，都要尽国民一份子的责任，同心奋斗，挽救危亡。你们虽然是小小的年纪，也应该努力念书，做一个替国家争气的人，切嘱。

除了华侨、大学生、白衣天使，还有爱国绅士、商人、职员、劳工、出版人、保育生、抗敌演剧队等阶层的家书。家书显示，在救亡图存的危急关头，中国各阶层人民表现出了空前的民族团结，展现出了同仇敌忾的民族情怀。在家国蒙难的动荡岁月，他们在一笔一画写就的家书中，仍然保持着尊老爱幼、兄友弟恭、夫妻恩爱、诚信奉献的中华民族传统美德，传承着中华优秀传统文化。海内外中华儿女共同谱写了一曲高扬民族精神的爱国正气歌，这也是中华文明浩浩荡荡、赓续不断的原因。

本文来源：2015 年 6 月 29 日《北京日报》第 19 版

“五一施政纲领”对团结抗战产生了什么影响？

苏 峰

1937 年 3 月，经与国民党多次谈判，陕甘苏区改为陕甘宁特区。5 月，改为陕甘宁边区。1941 年 5 月 1 日，中共中央机关报《新中华报》公布《陕甘宁边区施政纲领》。纲领共 21 条，又称“五一施政纲领”。它号召“团结抗战救中国”，强调团结边区内部各社会阶级、各抗日党派和边区境外友党、友军一起坚持抗日，表明了中国共产党团结抗战的基本路线和根据地建设的基本方针，成为中国共产党在陕甘宁边区局部执政的基本方略。

“五一施政纲领”的核心内容是边区实行新民主主义政权组织形式，即“三三制”。它不仅规定各级政权和所有民意机关中，共产党员、非党左派分子、中间分子各占三分之一，还强调共产党员要注意工作作风，“应与这些党外人士实行民主合作，不得一意孤行，把持包办”。“三三制”因此产生的强大政治聚合效应，把各方面开明人士真正团结到一起。开明绅士李鼎铭就是在这一政策感召下积极参政议政的，他提出“精兵简政”议案，得到毛泽东的重视，并把它形成政策，向全国各个敌后抗日根据地推广，为战胜困难、提高效率、坚持抗战起到了积极作用。而作为边区参议会副议长的李鼎铭，则以“五体投地”来表明他对这一原则的拥护。

毛泽东曾深刻提出：“一切空话都是无用的，必须给人民以看得见的物质福利。”“五一施政纲领”很好地体现了党的这种为人民谋利益的理念。边区在实行减租减息减轻农民负担、赢得地主支持的同时，还明确规定了公私兼顾、互助合作、自由贸易、合理税收等经济政策，发展经济，减轻负担，造福民众。此外，还普及国民教育、尊重知识分子、提倡科学知识和文艺运动；实行民族平等，创造性地建立蒙、回族自治区；等等。这些维护民生的内容，成为展现中国共产党始终代表最广大人民根本利益、坚持人民至上执政理念的典范。

边区的文化建设也得到人民拥护。美国记者斯诺曾坦言，此前的陕甘宁在文化上是“地球上最黑暗的一个角落”。然而，边区有力推动文化教育建设，倡导文艺为工农兵服务，将延安变成“歌咏城”，大大改变了边区的精神风貌，使之成为革命者向往的“圣地”。

“五一施政纲领”所践行的“三三制”不仅在陕甘宁边区政府实施，还在其他抗日根据地全面推行，为各抗日根据地执行抗日民族统一战线提供了制度保证，而且对调动各方的积极性、建设抗日根据地具有重要意义。

毛泽东极为重视陕甘宁边区民主政治对全国的作用。他多次强调，边区是一个“民主的抗日根据地”，边区巩固和发展民主政治，就可以做一个样子给全国看，给全国一个参考，成为全国的一个样本，“边区的作用，就在做出一个榜样给全国人民看，使他们懂得这种制度是最于抗日救国有利的，是抗日救国唯一正确的道路，这就是边区在全国的意义与作用”。

从实际效果看，可以说，“五一施政纲领”，尤其是其所践行的“三三制”，找到了社会各阶级、阶层团结抗战的最大公约数，架起了不同阶级和党派之间沟通的桥梁，最大程度团结了所有社会阶级和抗日党派，画出了团结抗战和局部执政的最大同心圆。

本文来源：2025 年 4 月 28 日《北京日报》第 12 版

延安如何庆祝抗战胜利？

郑学富

中国人民经过14年艰苦卓绝、英勇顽强的浴血奋战，至1945年8月，迎来了抗日战争胜利的曙光。8月10日凌晨3时，内外交困的日本军国主义的内阁会议最终通过了接受《波茨坦公告》的决议。8月15日，日本裕仁天皇亲自宣读《终战诏书》，日本宣布无条件投降。9月2日上午，日本政府代表在东京湾美国“密苏里”号战舰上签署投降书，宣告中国人民抗日战争胜利结束。9月3日，成为中国人民抗日战争胜利纪念日。

延安举行万人火炬游行

1945年8月10日晚，延安清凉山上的新华通讯社接到英国路透社的消息：日本向同盟国乞降。新华社的窑洞里一片沸腾，他们立即将这一胜利的消息报告给党中央和毛泽东主席。新华社于8月15日早晨8时援引英国路透社的消息称：“日本业于今日（14日）投降。”之后又于同日进一步发布消息：“据同盟社东京15日晨英文广播：日皇将于今日12时向敌国军民作无线电广播。日皇作无线电广播尚是日本历史上空前第一次，日本无线电台要求全国每个人都要听取日皇广播。日皇广播后即将继以铃木演说。后者也将作出重要公告。同时，今日东京所有晨间报纸均将至下午1时出版，以刊登日皇广播后的重要公告。”日本投降的消息不胫而走。全城轰动，万人欢腾，各处的黑板报上都用大字报道胜利消息，大街小巷张灯结彩，庆祝胜利的标语五颜六色。

据1945年8月16日的《解放日报》报道，8月15日晚，延安东、南、北各区到处举行盛大的火炬游行，全城灯火辉煌，欢呼声此起彼伏。机关干部与群众组成的乐队、秧歌队、腰鼓队纷纷走上街头，尽情地欢呼、歌唱。新市场的商人来回奔跑，欢呼报信，寻找着柴棍，扎成火炬，加入到游行队伍中。实验工厂、联政宣传队、大众剧院、延大、完小等10余支秧歌队在新市场十字街口汇合，浩浩荡荡，奔涌而去。斯大林、毛泽东、朱德的巨幅画像在熊熊的火炬映照中高高举起，人们振臂高呼："中华民族解放万岁！""动员起来支援前线，保卫边区！""制止蒋介石发动内战！"人群中一个卖水果的商贩情不自禁地跳了起来，大声喊道："不要钱的胜利果，请大家自由吃呀！"人们报以热烈的掌声。

游行的队伍走到哪里，哪里的人们都纷纷加入。人越来越多，人山人海，像一股奔流不息的铁流。人们不约而同高唱着："前进！人民的解放军！解除敌人的武装，去恢复交通和城镇！坚决大胆，迅速向前进，谁敢阻挡，就把他消灭得干干净净！"

美军驻延安观察组闻讯后，也乘车赶到，跟随欢乐的人群扭起了秧歌。

这天晚上，延安城的灯火彻夜通明，庆祝活动通宵达旦。朱德总司令在延安王家坪八路军总部举行鸡尾酒晚会，邀请留在延安的盟国友人，一起庆祝反对日本法西斯战争的胜利。

人民庆祝胜利的狂欢情景感染了延安的作家诗人。诗人艾青在《人民的狂欢节》中写道："人群，到处都是人群。感激传染着感激，欢喜传染着欢喜；个个都挺着胸脯，高高地举着火把，跟随锣鼓队，拥向街市——所有的门都打开，迎接欢乐，款待欢乐，欢乐是今天夜晚最高贵的客人。"诗人萧三在《延安狂欢夜》中写道："我还守着一盏残灯，山沟里死一般地寂静。忽然山上山下，人声异常嘈杂，又听锣鼓喧天，有人甚至乱敲铜盆，有的用力吹喇叭。整个延安起了骚动，男女老少涌出窑洞……人似潮水流向街头，旗帜招展在星空。人们舞火炬，扭秧歌，喊口号。人们只是叫，只是跳，只是笑。"

陕甘宁边区隆重举行庆祝抗战胜利大会

1945 年 9 月 3 日，延安新华社报道："昨日日寇已在东京签字投降，边区为庆祝抗战胜利，特决定各机关、团体、学校、部队于三、四、五日放假三天，以资庆祝。并闻将于五日举行群众庆祝大会。"

9 月 5 日，《解放日报》发表社论《庆祝抗战最后胜利》。社论指出，对于抗日战争的伟大胜利，中国共产党作了巨大的贡献。在抗日战争中，中国共产党始终坚持抗日民族统一战线的总方针，始终坚持抗战，反对投降；坚持团结，反对分裂；坚持进步，反对倒退。在敌后战场上，中国共产党放手发动群众，进行人民战争，抗击了半数以上的敌军及 95% 的伪军，壮大了人民军队的力量，收复了广大的国土，建立了 19 个解放区，收复 200 余个县城。敌后解放区是坚持抗战、坚持团结、坚持进步的模范，是抗日战争取得胜利的决定因素之一。社论最后呼吁，让我们全中国人民在和平、民主、团结的大纛下，万众一心，迈步前进，扫除一切障碍，把中国建设成为独立、自由和富强的新民主主义国家！

9 月 5 日下午 2 时，延安各界 2 万余人集会于延安南门外广场，举行庆祝抗战胜利大会。《解放日报》报道称："鲁艺、联政、文协、完小等秧歌队喧闹的锣鼓声音，随着欢呼的人群，此起彼伏，拥进会场……从广场上、从两旁的山壁上，传出了一阵一阵高昂的口号声。"会议推选朱德、刘少奇、林伯渠等 16 人为大会主席团成员，陕甘宁边区政府秘书长曹力如宣布庆祝大会开始，乐队高奏《同盟国进行曲》。

朱德总司令在大会上首先发表演说："中国几十年来受日本侵略，今天得到了解放，这个胜利的获得，是依靠全中国人民的努力、军队的英勇作战和同盟国的帮助。现在要做的就是建立一个独立、自主、富强的新中国。"当讲到此处时，会场上掌声雷动，与会人员振臂高呼："坚持和平民主团结，建设新中国！"朱德指出，陕甘宁边区及其他各解放区民主团结和发展生产的成绩，为全国所罕见，也为中外朋友所称道。八路军、新四军将士抗战 8 年，功勋卓著，是保卫中国、保卫和平的人民军队。承认解放区民选政府及其人民军队实为奠定今后和平建设的要图。朱德着重强调，汉奸必须严惩，伪军必须解散。他最后号召全国人民团结起来，坚持和平、民主、团结，建设新中国。

陕甘宁边区政府主席林伯渠随后发表讲话，他简述了半个世纪以来日本帝国主义侵略中国的历史后，说道：“我们解放区人民成立了民选的地方性联合政府，实行了减租减息，发展了生产，开展了文教运动，使大家有饭吃、有衣穿、有事做，同心合力，致力抗战建国的大业。现在抗战胜利了，解放区同胞必须努力发扬民主团结、艰苦奋斗的优良传统，做全国和平建设的模范。”他最后高呼：“全国同胞要努力实现孙中山先生的革命三民主义，来巩固和发扬已得到的胜利果实！”

陕甘宁边区政府文化委员会主任吴玉章用“九一八”以来的历史证明抗日战争的胜利，“是中国人民前仆后继、流血牺牲的结果，也是我解放区一万万人民不屈不挠、艰苦奋斗的结果，也是中国共产党坚决实行人民战争路线的结果。抗战胜利的光荣，应该属于全国人民大众”。他最后指出，中国共产党日前发表的《对目前时局的宣言》所提出的六项主张，才能使中国走上和平建设的光明道路。

教育家黄齐生、开明绅士刘少白在大会上也先后讲话，盛赞边区的民主建设和八路军、新四军在抗战中的丰功伟绩。

入夜后，延安民众举行了火炬游行，民众剧团在大众剧院公演剧目，各地、各机关举行多种形式的晚会庆祝抗日战争的伟大胜利。

诗人飞涛在《为和平而歌》一诗中写道：“啊，和平的阳光！这样的鲜明、温暖，开始照耀着五千年的东方古国。而今，你的儿女们，四万万五千万双眼睛，满含着欢喜的泪，望着这，飘扬在和平阳光里的胜利的旗帜；听着这，荡漾在和平阳光里的胜利的音乐。”

本文来源：2020 年 8 月 24 日《北京日报》第 11 版

怎样理解中国共产党在全民族抗战中的“实际核心”作用？

石仲泉

历史终归是历史，要实事求是。对国民党的抗战要有一个实事求是的定位。同样地，对中国共产党的抗战也要有一个实事求是的定位。抗战胜利有许多重要原因，包括蒋介石领导的国民政府在正面战场进行以台儿庄战役为代表的重大战役的影响、以张自忠为代表的抗日英杰的抗战精神和国民党最终坚持抗战的立场，都不应被抹杀。但是，中国共产党的强大存在是个决定性因素。“中流砥柱”一词，是对中国共产党在抗日战争中历史作用客观的、形象的定位。

为了使人们对中国共产党在抗日战争中的历史作用有更清晰的认识，可采用 1937 年 8 月洛川会议通过的《中共中央关于目前形势与党的任务的决定》中的说法：“共产党员及其所领导的民众和武装力量，应该最积极的站在斗争的最前线，应该使自己成为全国抗战的核心，应该用极大力量发展抗日的群众运动。”纵观抗战历史全局可以发现，中国共产党践行了这个诺言，成为全民族抗战的实际核心。对此，至少可以从三个方面来认识。

第一，中国共产党高举抗日民族统一战线大旗，对凝聚民族精神、实行全民族抗战起到独一无二的指导作用。这种作用表现在：倡导并高举的抗日民族统一战线大旗，是实行全民族抗战的政治基础；系统阐述的持久战理论，是全民族抗战的理论基础；始终坚持促进民族觉醒、振奋民族精神，是坚持全民族抗战的群众基础。

第二，中国共产党领导的八路军、新四军等人民武装力量开辟敌后战场进行人民战争，对打击日本侵略者、夺取抗战胜利起到了举足轻重的中坚作用。它之所以能够起到这个作用，是因为在抗战路线和军事战略上有三大法宝：为始终坚持全面抗战路线，广泛发动和武装群众，进行人民战争；为将游击战争提到战略地位，始终实行“基本的是游击战，但不放松有利条件下的运动战”的军事战略方针，坚持广泛而又持久的游击战争；为开辟敌后根据地作为坚持人民战争的基地，成为广泛开展游击战争、打击日本侵略者的重要依托。

第三，中国共产党根据两国三方关系不断变化的特殊格局，适时调整政策和策略，正确把握民族矛盾与阶级矛盾的关系，对坚持国共合作抗战到底起到了主导作用。

如果说将中国共产党定位为全民族抗战胜利的实际核心，那么对于国民党领导的中央政府则可定位为抗战时期的国家代表。因为实现第二次国共合作，共产党承认了中央政府。国民党在抗战时期的积极表现，可以归结为：一是国民党军队主导的正面战场，从淞沪会战开始进行了 20 多场会战，粉碎了日本侵略者要在“三个月灭亡中国”的狂言。二是国民党军队先后组成两批中国远征军赴缅作战，直接为世界反法西斯战争作出了贡献。三是国民政府主导的外交，争取到了世界反法西斯战线的积极支持和援助。四是国民政府代表中国参加开罗会议等国际会议，赢得了中国在世界反法西斯战争中的大国地位。这些作用，我们都予以充分肯定。

本文来源：2015 年 8 月 3 日《北京日报》第 19 版

抗战胜利后
国共双方为何举行重庆谈判?

刘　琼

1945 年 8 月 15 日，日本宣布投降。这一时间点是中国历史上一个重要的转折点，当时中国人民在精神和心态上是非常复杂的。抗战胜利固然带来喜悦，重庆等地也都有盛大的庆祝活动。但喜悦过后，立即面临国家重建的艰巨任务，尤其是因联合抗日而合作的国共两党和军队还能否继续合作？在经历多年艰苦战乱后，人民能否享有和平的社会生活？这些都与中国的不同政治势力和每一个国民有切身利害关系。这就使公众对国共谈判具有强烈的期待，也具有广泛的关注和参与的热情。

从心理角度考量，抗战时期支撑国家和国民精神的支柱及目标——“抗日救亡”大业，在带有一定突然性的胜利到来之后，如释重负的同时，显然会有一个失重的瞬间和一个调整过渡期。也就是说，要找到一个支持国家和凝聚大众的新的目标来替代抗战胜利留下的目标真空和心理失重。当时，国共谈判与和平建国，就是这一新的目标和希望所在。

毛泽东是否赴重庆、和谈能否进行，成为国家的重大悬念

1945 年 8 月 14 日，蒋介石给毛泽东发了一份邀请电函，邀请毛泽东赴重庆谈判。电文略显夸张地使用了“万急”字样，并表达“临电不胜迫切悬盼之至”的急迫心情。实际上，蒋介石主要目的并非真心希望毛泽东赴重庆谈判，而是摆出姿态，掌握政治话语权。

重庆谈判是由蒋介石首先发起的，一开始主动权确实在国民党政权一边。蒋介石给毛泽东的第一份电报“特请先生克日惠临陪都”，毛泽东回以：朱德总司令本日午有一电给你，陈述敝方意见，待你表示意见后，我将考虑和你会见的问题。朱德总司令电文提出的是受降程序未明问题。蒋介石立即抓住机会，对中共实施攻击，以受降办法系盟军总部规定：自未便以朱德总司令之一电破坏我对盟军共同之信守，进而指责道，朱总司令对于执行命令，往往未能贯彻，然事关对内妨碍犹小，今于盟军所已规定者亦倡异议，则对我国家与军人之人格将置于何地，并再次要求毛泽东亲赴重庆谈判。中共回以“先派周恩来同志前来进谒”，但蒋介石仍坚持：惟目前各种重要问题，均待与先生面商，时机迫切，仍盼先生能与恩来先生惠然偕临，则重要问题，方得迅速解决，国家前途实利赖之。

在中共还未作出毛泽东赴重庆谈判的决定之前，确实处被动地位，只能在国共双方层面交涉，而蒋介石是以国家和人民利益立意，

声言毛泽东赴重庆谈判“事关国家大计，幸勿吝驾”，并慷慨陈词，称：大战方告终结，内争不容再有。深望足下体念国家之艰危，悯怀人民之疾苦，共同勠力，从事建设。如何以建国之功收抗战之果，甚有赖于先生惠然一行，共定大计，则受益拜惠，岂仅个人而已哉！

面对蒋介石咄咄逼人的攻势，中共复蒋介石第二电也只是“兹为团结大计，特先派周恩来同志前来进谒，希予接洽，为恳”。当时国际国内舆论对中共也不利。对蒋介石的第二封电报，《大公报》社论的评价是：“蔼然诚坦，溢于言表。蒋主席这几句话，言简意诚，不须我们多作解释。我们相信全国同胞的心情，都与蒋主席相同，殷切盼望毛先生不吝此一行，以定国家之大计。”《纽约时报》社论《中国共产党》一文，也称中国共产党不愿参加合作。国民政府发言人张群甚至直指中国共产党为“国民之公敌”。

面对国民党的舆论压力，《新华日报》8月24日发表署名“莫一尘”的文章《解决问题的关键》，文中说民主改革等问题不解决，“一切谈判都将是空的，毛先生出来也没有用。因为政府当局是否肯实行民主，不决定于毛先生，如果政府当局肯真正实行民主（注意，不是空口说白话的假民主！），那么，即使毛先生不出来，问题也一样可以解决”。文章批评强调毛泽东一定要亲赴重庆“显然蓄着一个很大的阴谋”，并以政治犯遭关押、政党无合法地位和特务横行暗示毛泽东赴重庆不安全。

延安内部也为毛泽东的安全和健康担心，反对毛泽东赴重庆。一些解放区领导人甚至向党中央发电报，建议毛泽东不要去重庆；重庆八路军办事处的工作人员也担心毛泽东到重庆谈判的安全问题。

国民党方面普遍预计毛泽东不会亲赴重庆，故《中央日报》定下的宣传方针是“假戏真做”。在蒋介石的邀请电发出后，双方反而剑拔弩张，相互指责。毛泽东是否赴重庆，和谈能否进行，成为一大悬念。国民参政会参政员褚辅成致蒋介石电，要求蒋“再电毛泽东劝驾，窃恐未必肯来”。

“毛泽东重庆之行，将可能成为中国近代史上划时代的大事件”，“历史家必将大书而特书！”

在充满悬念的期待中，1945 年 8 月 28 日，毛泽东率领中国共产党代表团从延安飞抵重庆。这一消息震撼重庆全城，引发新闻界和公众的极大热情，立即产生了轰动效应。

据当时在《大公报》工作的王淮冰回忆，毛泽东到了重庆，“山城的人们还在争论着毛主席会不会来”。在王淮冰到机场完成采访毛泽东飞抵重庆的任务回到城里时，听到同事金仲华和刘尊棋两位国际问题专家还在争论毛泽东会不会到重庆的问题。

《新华日报》这样报道：“八月间充满了伟大的日子，伟大的新闻。本报发表了毛泽东同志来渝的消息，重庆市民间是如何的激动，如何的洋溢着喜悦啊！本报门市部挤满打听消息的热心的读者。”而在机场，“人们在酷热中等候了两个钟头，但是每个人脸上都遮掩不住由衷而发的喜色”。“机门才开，就是一片鼓掌的声音。最前列是排齐了的几十位摄影记者的阵势。”“摄影竞赛继续了二十分钟之久，赫尔利大使对毛主席说：‘好莱坞’！”“美国记者们像打仗似的，拼着全力来捕捉这一镜头。”这是好莱坞影片里习见的情景。

《大公报》记者子冈写道：“昨天九龙坡飞机场迎接毛泽东是一种新的体验，没有口号，没有鲜花，没有仪仗队，几百个爱好民主自由的人士却都知道这是维系中国目前及未来历史和人民幸福的一个喜讯。”

“第一个出现在飞机门口的是周恩来，他的在渝朋友们鼓起掌来。他还是穿那一套蓝的布制服，到毛泽东、赫尔利、张治中一齐出现的时候，掌声与欢笑声齐作，延安来了九个人。”

《大公报》记者注意到了毛泽东的几乎所有细节：“毛泽东先生，五十二岁，灰色通草帽，灰蓝色的中山服，蓄发，似乎与惯常见的肖像相似，衣服宽大得很”；“‘很感谢’，他几乎是用陕北口音说这三个字”；“他的手指被香烟烧得焦黄。当他大步走下扶梯的时候，我看到他的鞋底还是新的。无疑，这是他的新装”。

显然，毛泽东的一切对这位记者来说都是新鲜的，是她想知道，也是她的读者想知道的，所以她如此不惜笔墨详细描述这位中共领袖。这一人性化的生动形象，对大众是有亲近感和感召力的。

而重庆的新闻传媒则直接采用了诸如《毛泽东先生来了！》《毛泽东到了重庆》《迎毛泽东同志来渝》这样的社论标题，对毛泽东到重庆的意义深切关注。

毛泽东来到重庆，在社会上也激起了巨大的反响。《新华日报》发表了读者胡其瑞等四人的来信：“毛泽东先生应蒋主席的邀请，毅然来渝，使我们过去所听到的对中国共产党的一切诬词和误解，完全粉碎了。毛先生来渝，证明了中共为和平、团结与民主而奋斗的诚意和决心，这的确反映和代表了我们老百姓的要求。”

《大公报》将“毛泽东先生翩然到渝”与“日本投降，抗战胜利”“中苏定约，结为盟好”并列为国家的喜事。成都《华西晚报》更直言“毛泽东到了重庆，并且开始了国共两党领袖的直接谈判。对于中国人民，这是一个比之日本突然宣布无条件投降更使人欣喜的消息”，并判断“毛泽东重庆之行，将可能成为中国近代史上划时代的大事件”。

而西安也有报纸社评，将毛泽东飞抵重庆比喻为“好像在阴暗的天空中忽然放出来一道光明，不禁使人手舞足蹈，为国家的前途祝福！自日本投降后，这真是最令世人兴奋的消息！”，并相信“这是‘新中国’的发轫，这是全世界和平的福音，建国大业可能因此而提前完成二十年，历史家必将大书而特书！”。

爱国诗人柳亚子写诗称赞毛泽东赴重庆谈判是“弥天大勇”，这虽然带有诗歌夸张成分，但客观评价，毛泽东和中共作出的赴重庆谈判的决定是需要承担一定政治风险的，体现了毛泽东和中共的胆识和担当，符合社会各界的期盼，因而赢得强烈的反响。

本文来源：2015 年 9 月 14 日《北京日报》第 19 版

第二部分

中流砥柱

为什么说中国共产党是抗战的中流砥柱？

张海鹏

近年来，有些网络“国粉”片面夸大蒋介石、国民政府的作为，似乎只有国民政府领导了抗战。有人甚至否认中国共产党是中流砥柱的论断，认为只有国民党是抗日的。这种认识是不客观的，是不能反映抗战历史真相的，是对历史不负责任的。

推动建立并坚持抗日民族统一战线是中国共产党中流砥柱作用的有力证明

抗日战争是一场伟大的民族解放战争，是近代中国唯一一场取得完全胜利的对外战争，是近代中国历史从“低谷”走向“上升”的标志，是中华民族走向伟大复兴的历史转折点。抗日战争的胜利是在民族统一战线的共同认识下实现的。离开了抗日民族统一战线，抗日战争的胜利是难以想象的。抗日民族统一战线是中国共产党全力推动的。由于民族大义当前，这个主张得到了全国民众和各政治团体的支持，也得到了执政的国民党的支持。在抗日民族统一战线旗帜下，实际上存在两个领导中心，国民党是一个领导中心，共产党也是一个领导中心。少了一个，抗日战争获得胜利是不可能的。

1931 年，日本发动九一八事变，一个月占领我东北全境。全国人民抗日热情高涨，国民政府仍然采取不抵抗政策，加紧“围剿”江西苏区。日军继续挑战长城内外，侵略军进驻北平西南郊的丰台，中华民族面临空前的民族危机。

1935 年 8 月 1 日，红军还在长征途中，中共驻共产国际代表团草拟了《八一宣言》，主张组成抗日民族统一战线，抵御日本帝国主义的侵略。从此，抗日民族统一战线成为共产党的基本主张，推动民族的团结和国事的进步。蒋介石置全国人民抗日热情于不顾，命令张学良东北军和杨虎城的第十七路军继续“围剿”刚到西北不久的共产党和红军，并且到西安督战。这不仅激起了西北人民的抗议，也激起了东北军和第十七路军将士的民族大义，导致后来张、杨发动事变，扣押蒋介石，要求蒋介石停止内战、一致抗日。共产党出于民族大义，不顾血海深仇，主张和平处理西安事变。

1937 年七七事变后十天，蒋介石在庐山发表谈话：“如果战端一开，那就是地无分南北，年无分老幼，无论何人，皆有守土抗战之责任”，表示了抵抗日本侵略的决心。经过国共两党谈判，国民党在 9 月 22 日正式发表了《中共中央为公布国共合作宣言》，蒋介石随之发表《对中国共产党宣言的谈话》，事实上承认了中国共产党的合法地位，确立了国共合作组成抗日民族统一战线的方针。抗日民族统一战线是确保抗战胜利的根本方针。推动建立抗日民族统一战线，始终坚持抗日民族统一战线，共产党是主动积极的，国民党是被动接受的。

敌后战场的存在是中国共产党中流砥柱作用的又一证明

全国抗战，是靠两个战场来支持的，是靠两个战场的配合取得胜利的。这就是正面战场和敌后战场。两个战场作战略配合，共同抵抗日本侵略。国民党掌握了政府，它有几百万军队，可以调动全国资源和人力。正面抵抗日军的进攻，当然非它莫属。1938 年 10 月武汉失守以前，正面战场的形势还是好的，虽然首都丢了，上海、武汉、广州都丢了，但面对强敌，这个代价是不得不付的。

武汉失守以后，正面战场的形势就不那么好了，国民政府还有求和的表示，日本也有诱降的策略。国民党副总裁汪精卫害怕日本的强大，主张退让，大敌当前，却从事“和平运动”（对日投降活动），终于在 1938 年 12 月公开响应日本近卫首相对国民政府的诱降声明，走上了背叛国家、投降日本帝国主义的道路，后在南京成立伪政府。上百万国民党军队投降日本，成为在中国土地上帮助日本打仗的伪军。如果没有敌后战场的存在，中国抗战是坚持不下去的。这一点，只需要看到侵华日军的一半甚至一半以上都用来对付八路军、新四军和共产党领导的敌后根据地就可以了解问题的所在。

敌后战场是共产党领导的八路军、新四军开进日本军队占领的地方，在敌人的后方建立的战场。共产党没有掌握国家政权，不掌握国家军队，不能调动国家资源和人力。陕甘宁边区等抗日根据地都是很穷的地区，出产也不丰富，人口甚少。共产党领导的军队抗战开始不过几万人，到抗战胜利也就一百三十余万人。开头一年多，国民政府还给八路军、新四军拨付军费，此后就由共产党自己筹措军费了。共产党所领导的军队和根据地，创造性地把游击战上升为抗战战略，拖住了侵华日军的一半以上兵力。在敌人后方，不可能有阵地战，不可能有大部队展开，用游击战方式打击敌人，极为艰苦。在敌人的眼皮底下建立抗日根据地，与日本侵略者相周旋，与西南大后方相比，其艰苦程度是可以想见的。设想，没有敌后战场、没有共产党领导的根据地，侵华日军全部压在国民政府军队上，国民政府能够坚持两年以上吗？正是因为八路军、新四军和共产党领导的根据地拖住了侵华日军半数以上，才分散了正面战场的压力，使得正面战场可以从容组织抵抗。说共产党是抗日战争中的中流砥柱，难道不是历史事实吗？

正面战场虽然败仗居多、牺牲惨重，但在阻滞日军迅速灭亡中国的图谋中还是起了重要作用。这方面也应该如实评价。因此，对在正面战场作战的军人，我们要肯定他们的功绩，高度评价他们的牺牲精神。但是如果离开了敌后战场对日军的牵制，离开了敌后根据地对日本占领者的打击，正面战场坚持的时间是极为有限的。

反过来也一样，只有敌后战场，没有正面战场，抗战坚持到胜利也是完全不可能的。正是两个战场的战略配合，才把日本军队的大部分拖住在中国，使它既不能迅速灭亡中国，也不能把更多兵力投放到太平洋战场，投放到亚洲其他地区。这是中国战场对世界反法西斯战争作出的巨大贡献。

两个战场的战略配合，就是中国民族解放战争的特点。这个特点，在世界反法西斯战争的东方战场和西方战场上，都是唯一的。在亚洲和欧洲，没有哪一个国家有这种情形。法国号称欧洲强国，国家正规军队有 100 多个师，编制师的数目甚至比德国多，但德国攻入法国，不到两个月，法国就投降了。法国未能形成两个战场对德作战，是一个战败原因。后来戴高乐在英国组织流亡政府，法共在国内组织了抵抗，但是毕竟颓势难挽。

在抗战的整体大局中，不承认国民党、共产党发挥的领导作用，不是历史主义的态度

抗日战争究竟是谁领导的呢？一些网上活跃的“国粉”马上会答复：是国民党。这个回答不完全符合历史事实。国民政府可以领导正面战场，可以领导敌人未占领的大后方地区，却领导不了敌后抗日根据地，也领导不了敌后战场。反过来，共产党领导不了正面战场，领导不了大后方地区。抗日战争的全面领导是通过国民党、共产党两个领导中心来分别实施的。

说国民党是领导中心，是因为它掌握政府。这个政府是民族战争所必需的、国际国内承认的统一政权，它指挥着国家军队，担负着正面战场的作战任务。必须有蒋介石、国民党参加，才可能利用国家政权的力量推动全国抗战的开展，才可能有全民族的抗战。没有蒋介石、国民党的参加，单凭共产党的力量，在当时的历史条件

下也是难以独立支撑全国抗战大局的。

抗战后期，蒋介石与国民党政权的国际联系作用也不可忽视，他们代表中国与苏联、美国、英国等谈判，废除《辛丑条约》和治外法权：蒋介石作为中国首脑出席开罗会议，作出从日本手中收回台湾等地的决定以及参与建立联合国，这些成绩离开了国民党政权也是不行的。我们要尊重这些基本的历史事实。

说共产党发挥了领导作用，是抗日战争中的中流砥柱，是因为它倡导、推动并始终坚持了抗日民族统一战线，使民族战争所必需的国内团结能够维持下来，而且，共产党还指挥八路军、新四军，动员敌后地区的广大人民群众，担负着敌后战场的作战任务。从这些方面来说，共产党是中国抗日战争的领导中心，是符合历史事实的。

共产党推动国民党抗日，监督国民党抗日，批评国民党在抗日大局上的动摇，都是从民族战争的共同利益出发的。幸好，国民党在共产党和全国人民的监督下没有放弃抗战的旗帜，把抗战坚持了下来，否则抗战前途不堪设想。共产党的这种监督作用，是在抗日民族统一战线的旗帜下进行的，这也是一种领导作用。没有这种领导作用，抗战往前进行是极为困难的。

客观地说，在抗日战争的整体大局中，国民党、共产党都起着领导作用。这个作用，都是全局性的。不承认其中任何一个中心所发挥的领导作用，都不是实事求是的态度，都不是历史主义的态度。承认国民党的领导中心，没有削弱，更没有否定共产党的领导中心的全局性作用。承认共产党的领导中心，也没有否认国民政府领导中心的地位。这种双方都是全局性的领导作用，是通过各自的领导能力来实现的，是在又统一、又矛盾的斗争中来实现的，是不能相互取代的。这种情形，是近代中国历史进程所决定的，是 20 世纪 20 年代中国近代历史开始走上上升趋势所决定的。否定任何一方都不符合历史事实。

国共两个领导中心历史地位发生着此消彼长的变化

必须指出，在抗日民族统一战线内部又统一、又斗争的过程中，国共力量的消长发生着变化，总的历史趋势是国民党政权的力量由盛转衰、共产党领导的人民力量由弱转强，并且历史性地改变了国内政治力量的对比。国民党这个领导中心的作用由大变小，共产党这个领导中心的作用由小变大。全民族抗战初期，国民党这个领导中心的作用稍微大些；抗战中后期，共产党这个领导中心的作用越来越大了。

最明显的标志至少有两个：一个是 1941 年皖南事变的发生，国民党反共达到高潮，共产党进行了有理、有利、有节的斗争，高举抗日民族统一战线的大旗，赢得了民心，赢得了民主党派的支持，两个领导中心的政治天平开始倾向共产党一边；另一个是 1944 年豫湘桂作战的失败，大后方批评重庆国民政府声浪高涨，重庆、贵阳、昆明的大学教授、工商界知名人士对国民政府明显失望，两个领导中心的政治天平再一次大幅度偏向中共。共产党领导能力和声望明显上升，国民政府领导能力和声望明显下降。这是对抗日战争中国民党、共产党的领导地位和作用的切实说明，也是抗战胜利后不久，国民党就垮得那么快，中华人民共和国能够迅速成立，近代中国历史开辟了新纪元的原因。

国民党的传统观点是不承认共产党在抗战中的领导作用，认为共产党“游而不击”，这是不值一驳的。一些“国粉”与国民党的传统观点相呼应，全面美化国民党抗战，否认共产党抗战，是历史虚无主义的表现。

本文来源：2015 年 6 月 8 日《北京日报》第 19 版

中国共产党的中流砥柱作用体现在哪些方面?

王玉强

中国人民抗日战争的胜利是一百多年来中国人民反抗外敌入侵第一次取得完全胜利的伟大的民族解放战争，也是中华民族走向伟大复兴的历史转折点。中国共产党凝聚全民族的力量，在全民族抗战中发挥了中流砥柱的作用，是抗战胜利的关键。

号召力：发扬以爱国主义为核心的民族精神

从 1931 年九一八事变爆发到 1945 年日本宣布无条件投降，在长达 14 年艰苦卓绝的斗争中，中国共产党发扬以爱国主义为核心的民族精神，坚信胜利必然属于中国。无论是面对日本侵略者的猖狂进攻，还是面对国民党顽固派的反共摩擦，中国共产党的爱国主义立场从未发生丝毫的动摇，坚持抗战、反对投降，坚持团结、反对分裂，坚持进步、反对倒退，成为引领全民族抗战的一面旗帜。

中国共产党始终战斗在民族独立解放斗争的最前线。九一八事变爆发后，中国共产党率先举起抗日斗争的旗帜，号召全国人民“以民族的革命战争打倒日本帝国主义及一切帝国主义”，争取中华民族的独立解放；同时，不断组织东北抗联等武装力量投入到抗日战争中。一・二八事变爆发后，中国共产党摒弃前嫌，发表宣言，提出愿意在三个条件下，同一切愿意抗日的政治派别、武装力量联合抗日。当华北局势日趋紧张时，中国共产党发出《八一宣言》，组织领导一二・九抗日救亡运动、中华民族解放先锋队等团体，最广泛地动员民众觉醒起来。七七事变爆发的第二天，中共中央发表宣言，号召全国人民为挽救民族危亡而斗争，表示共产党人愿同国民党人和全国同胞一道为保卫国土流尽最后一滴血，反对一切游移、动摇、妥协、退让，实行坚决的抗战。中国共产党强调，“中国共产党人必须将爱国主义和国际主义结合起来”，“为保卫祖国反对侵略者而战”。

在抗日战争中，中国共产党人成为各条战线、各项工作中的模范。在中国共产党领导的抗日武装中，共产党员牺牲比例最高。李公朴在《华北敌后——晋察冀》中写道：“在子弟兵团中党员才占三分之一，但是在战斗中牺牲的，共产党员却占十分之六。”以杨靖宇、赵尚志、左权、彭雪枫等为代表的中国共产党人用鲜血和生命谱写的壮丽篇章，充满感召力，大大提高了全民族抗战的觉悟。

凝聚力：坚持全面抗战路线

中国共产党提出并坚持的全面抗战路线，指明了夺取抗战胜利的正确道路，最充分地凝聚起全民族的力量，引领全民族抗战一步步走向胜利。中国共产党强调，“只有全民族实行抗战，才是我们的出路”，“战争的伟力之最深厚的根源，存在于民众之中”。把中国民众动员、组织起来，使抗战发展成为全面的全民族的抗战，这是夺取抗战胜利的关键。中国共产党是这场人民战争的最自觉的领导者。

中国共产党始终坚持全面抗战路线。这条路线把全民族抗战与争取人民民主、改善人民生活结合起来，把反对外敌入侵与推进社会进步统一起来，把游击战争和正规战争结合起来。抗战进入艰苦卓绝的相持阶段后，全面抗战路线越发显示出它的意义。中国共产党建立和领导的敌后抗日根据地和民主政权，实行减租减息政策，切实解决了农民的民主民生问题，使农村成为抗日战争的主战场，使农民成为抗日战争的主力军。农民积极参加农会、救国会、民兵以及其他地方武装组织，踊跃参军参战支前。在敌后地区，真正形成了“地无分南北，年无分老幼”的奋勇守土抗战、陷敌于人民战争汪洋大海的局面，为夺取抗战胜利凝聚了强大力量。

领导力：高举抗日民族统一战线的旗帜

在抗日战争中，以国共合作为基础的抗日民族统一战线，成为凝聚、扩大全民族抗战力量的主要途径和有效形式，这是“唯一无二的方针”。为了扩大抗日民族统一战线，中国共产党确定并坚持一切服从抗日的原则，正确处理阶级矛盾和民族矛盾的关系，实行调节各阶级相互关系的恰当政策，维护国共合作这个抗日民族统一战线的基础和关键，使政府、军队、各党派、全国人民真正团结起来。

中国共产党不仅是抗日民族统一战线的发起人，更是其核心支柱，为它的建立、巩固和发展作出了种种努力。从一·二八事变后提出在三个条件下团结国内一切力量共同抗敌，到1935年瓦窑堡会议确立抗日民族统一战线策略方针，再到和平解决西安事变，促成国共两党第二次合作；从七七事变爆发时号召“全中国人民、政府和军队团结起来，筑成民族统一战线的坚固的长城”，到红军改编为八路军、新四军，奔赴团结抗敌的前线。在中国共产党的推动下，以国共两党合作为基础，由中国各族人民、各党派、各爱国军队、各阶层爱国人士以及海外华侨组成的抗日民族统一战线形成并发展起来。这在中国政治上开辟了一个新的阶段。

抗日民族统一战线自建立之日起，就历经党内外、国内外的种种考验。中国共产党克服了党内在统一战线问题上“左”和右的错误倾向。当然，统一战线面临的最严峻的考验，还是来自国民党顽固派的反共摩擦。斗争是克服投降危险、争取时局好转、巩固国共合作、发展统一战线的最主要方法。中国共产党坚持发展进步势力、争取中间势力、孤立顽固势力的斗争策略，坚决维护、巩固和发展统一战线，坚持独立自主、团结抗战，对顽固派的反共摩擦坚持有理、有利、有节的斗争原则，不但维护了团结抗战的大局，也争取了全国人民和世界人民的广泛同情和支持。

中国共产党在抗日民族统一战线中起到了核心领导作用，使抗日民族统一战线成为一面高扬的政治旗帜。越来越多的人认识到，抗日民族统一战线是救中国的唯一方法，因为有了中国共产党，它才得以建立、巩固与发展，所以他们支持共产党为抗日和民主所进行的斗争，加入共产党领导的民主革命统一战线，心悦诚服地听取共产党的意见，接受共产党的领导。

自信力：坚持持久战的思想和战略

全民族抗战爆发前，中国共产党就已经预见到，要打倒敌人，必须准备持久作战，最后的胜负要在持久战中去解决。全民族抗战初期，国民党在正面战场投入大量兵力，历经数次会战，虽在局部取得胜利，但总体上节节败退，大片国土沦陷。“速胜论”已经破产，“亡国论”甚嚣尘上，不少国人困惑迷茫，看不到希望。

为了更清晰地指明抗日战争的前途，提振全国军民抗战的信心和决心，1938 年 5 月，毛泽东发表了《论持久战》，客观分析了中日双方的特点，指出“亡国论”和“速胜论”都是错误的，最后的胜利必然属于中国，但必须经过持久抗战才能取得胜利。持久战包括战略防御、战略相持、战略反攻三个阶段，而相持阶段“将是中国很痛苦的时期”，“此阶段中我之作战形式主要的是游击战，而以运动战辅助之”。

《论持久战》成为抗战取得最终胜利的指导纲领。它不但影响了中国共产党领导下的抗日力量和敌后抗日根据地，也影响了国民党军队和国统区，包括蒋介石、白崇禧、傅作义、卫立煌等人。持久战的战略思想，极大地增强了中国人民争取抗战胜利的信心和决心。

战斗力：坚持抗日游击战的战略方针

在抗日战争中，国民党主要进行正面的正规战，共产党主要进行敌后的游击战，互相需要、互相配合、互相协助。抗战中，中国共产党明确提出，抗日战争基本的是游击战，但不放松有利条件下的运动战，从而形成“游击战为主，运动战为辅”的战略方针，在敌人后方发动独立自主的山地游击战，建立抗日根据地。这场游击战争的规模，就其广大性、长期性来看，不但在东方是空前的，在整个人类历史上也可能是空前的。

游击战争的开展和坚持，只有在共产党领导之下才成为可能。抗战中，中国共产党把游击战争提到战略高度，组建抗日武装，动员广大群众参与抗战，在游击战争中武装人民，组织民众团体，在此基础上建立起多个敌后根据地，为游击战争提供赖以生存和发展的后方战略基地。在敌后根据地的依托下，中国共产党领导人民广泛开展伏击战、破袭战、地雷战、地道战、麻雀战等，使日本侵略者陷入人民战争的汪洋大海之中。

历史雄辩地证明，游击战争是抗日战争时期克敌制胜的重要法宝。中国共产党在游击战争中显示出超凡的战斗力，既打击了敌人，又壮大了自己。据统计，中国共产党领导抗日军民对敌作战 12.5 万次，消灭日伪军 171.4 万人；抗日民主根据地面积达近 100 万平方公里，人口近 1 亿人。

向心力：支撑起全民族救亡图存的希望

习近平总书记指出：在抗日战争中，“中国共产党人以自己的政治主张、坚定意志、模范行动，支撑起全民族救亡图存的希望，引领着夺取战争胜利的正确方向，成为夺取战争胜利的民族先锋”。

经过抗日战争，中国共产党在全国人民心中的威信得到极大提高。中国共产党领导下的敌后抗日根据地，建立起民主共和国的雏形，向世人展现了一个战胜日本帝国主义、建设新中国的光明前途。所以，越来越多的人把彻底改变中华民族命运的希望寄托在中国共产党身上。国民党高层人士也认识到，“只有共产党最有水平，最有抗御外敌的实力和争取民主的诚意，最能代表民族的希望”。南洋华侨领袖陈嘉庚考察延安时感慨道：耳闻目睹各事实，见其勤劳诚朴，忠勇奉公，务以利民福国为前提，并实行民主化，在收复区诸乡村推广实施，与民众辛苦协作，同仇敌忾，奠胜利维新之基础。他由此断言：“中国有救星，胜利有保证，中国的希望在延安！”抗战结束后，这种向心力成为决定中华民族前途命运的重要砝码。

铭记历史，是为了昭示现在，开创未来。中国共产党为什么能历经百余年风雨，迎来实现中华民族伟大复兴中国梦的光明前景？答案只有一个：它能够凝聚起全民族的力量。

本文来源：2015 年 8 月 24 日《北京日报》第 19 版

中国共产党成为抗战中流砥柱的深层次原因是什么？

徐 焰

抗战初始阶段，中国共产党领导的人民武装力量并不强大。同正面战场相比，共产党领导的敌后战场在装备最落后、条件最艰苦的情况下却能发展壮大，主要是依靠群众拥护和官兵英勇的奋斗精神。八路军出师到抗日前线的3万多部队，只有1万多支过去缴获的杂式枪，每支枪平均只有30发子弹。1937年至1940年，国民党当局每年只发给八路军、新四军几十万发子弹，解放区的枪支弹药来源主要靠战场缴获，名副其实是“没有枪，没有炮，敌人给我们造”。八路军、新四军靠人民支援和战场缴获不断发展壮大，至1945年夏，发展到93万人，有37万支枪，在解放区还有装备简陋武器的220万民兵。

抗日战争中敌后战场抗战的艰难，特别表现为弹药奇缺。全民族抗战期间，八路军、新四军平均每毙伤一敌消耗30发子弹、7枚手榴弹。这一比例之低在世界上是罕见的。根据世界战场的统计，第一次世界大战中平均毙伤一名敌军需消耗子弹2000发以上，第二次世界大战中欧洲战场上毙伤一名敌军平均需消耗子弹5000发。在全民族抗战中，国民党军队统计共耗用子弹17.09亿发、炮弹959万发，手榴弹和枪榴弹2359万枚。按蒋纬国在《抗日御侮》一书中统计，国民党战场共毙伤日军85万人（国民党军队基本不同伪军作战），计算起来平均消耗子弹2010.6发、炮弹11.3发、手榴弹27.8枚才能毙伤一名日军。

尽管如此，中国共产党却能在短时期内进行有效动员，建立抗日根据地、开辟敌后战场，最后成为抗战的中流砥柱。这是怎么做到的？

究其原因，八路军、新四军和敌后解放区能在严酷的战斗条件下得到大发展，从根本上讲是人民战争的胜利，靠的就是将民族、民主这两个革命相结合。以游击战打日本的同时，中国共产党人在抗日根据地内建设起一个新民主主义社会，向全国人民展示了社会改革的方向。当年的中国是一个农业大国，农村人口占全国人口的90%，农村中的贫苦农民又占绝大多数。发动人民抗战，主要的内容就是动员贫苦农民参军和支前。如果不解决他们吃不饱、穿不暖的问题，还要因战争增加人力、物力负担，就不可能得到这一最广大群体的拥护。当年八路军、新四军走到哪里都能发动起群众，得到老百姓拥护，就在于不是只取之于民，而是造福于民。共产党的军队群众纪律好，“哪家住八路，灶里有柴烧，缸满院扫净”，这固然重要，更重要的是能解决中国农民祖祖辈辈最期盼的土地问题。

全民族抗战开始后，国民政府大幅增税却仍不减贫农租赋，同时还征走大量壮丁，人民生活更加困苦，逃兵役成为普遍现象。而共产党建立的根据地内却出现另一种情形，虽然农民支援战争有不小的负担，却由于减少了地租，并通过减息摆脱了过去地主的“阎王债”，大多数人反映生活比战前还改善了一些。当时解放区不抓壮丁而实行自愿参军，到处是踊跃报名，一幅“母亲叫儿打东洋，妻子送郎上战场”的动人场面。得人心者得天下，打击侵略者的同时也要给群众以实际利益，这就是抗战时敌后根据地能开辟和坚持的根本原因。

中国共产党在抗战期间建设根据地时，还注重发动群众监督政府，建立“三三制”政权，真正实行了清廉政治。陕甘宁边区抗日民主政府，就是按“三三制”原则，在普选基础上建立起来的。陕甘宁边区的民主选举，凡居住在边区年满 18 岁者，不分男女、宗教、民族、财产、文化的区别，都有选举权和被选举权。在实际投票中，群众创造了投豆豆、画圈圈、燃香在选票上烧眼眼等办法，行使自己的民主权利。“三三制”原则让中国共产党积聚了力量，同时也获得了人民的支持和拥护。在中共的领导下，陕甘宁边区建设成了全国最进步的地方。“这里是民主的抗日根据地。这里一没有贪官污吏，二没有土豪劣绅，三没有赌博，四没有娼妓，五没有小老婆，六没有叫化子，七没有结党营私之徒，八没有萎靡不振之气，九没有人吃磨擦饭，十没有人发国难财”。这个政权形式同当时国民党实行的一党专制的独裁政权形成了鲜明的对比。

在抗战进入艰难期后，为了增加生产、减轻人民的负担，共产党施行了精兵简政政策。1941 年 6 月，边区政府召开县长联席会议，天下暴雨，延川县代县长李彩云被雷电击中身亡。事后，一个农民说：“唉呀，雷公为什么没有把毛泽东打死呢？我调查了一番，其原因只有一个，就是公粮太多，有些老百姓不高兴。”为了减轻老百姓的负担，中共开始精兵简政。主要内容是：将党、政、军、民等组织机构的脱产人员缩减到占所在根据地总人口的3%以内，军队（含游击队）与党、政、民工作人员的比例为3∶1，从而使脱产人员与根据地的供养能力相适应，从根本上解决“鱼大水小”的矛盾，正如胡乔木所说：“这是一个转机。陕北人民感到毛主席与人民是联系在一起的。”这与国民党在抗战时强征民力、掠夺民财形成鲜明对比。

华侨领袖陈嘉庚回国考察了国统区和陕甘宁边区后也说：“中国只有一个地方没有贪污，那就是延安。”这都是中国共产党领导的抗日根据地能迅速发展壮大，最终成为抗日的中流砥柱的深层次原因。

本文来源：2015年8月10日《北京日报》第17版

《抗日游击战争的战略问题》为何具有特殊的战略地位？

曹应旺

《抗日游击战争的战略问题》写于 1938 年 5 月。毛泽东的这篇文章深入分析了持久战中的游击战，指出游击战不只是战术问题，还有它的特殊的战略地位，堪称《论持久战》的姊妹篇。

毛泽东在文章中指出："敌人在我们这个大国中占地甚广，但他们的国家是小国，兵力不足，在占领区留了很多空虚的地方，因此抗日游击战争就主要地不是在内线配合正规军的战役作战，而是在外线单独作战；并且由于中国的进步，就是说有共产党领导的坚强的军队和广大的人民群众存在，因此抗日游击战争就不是小规模的，而是大规模的；于是战略防御和战略进攻等等一全套的东西都发生了。战争的长期性，随之也是残酷性，规定了游击战争不能不做许多异乎寻常的事情，于是根据地的问题、向运动战发展的问题等等也发生了。""这就是抗日游击战争虽然在整个抗日战争中仍然处于辅助的地位，但是必须放在战略观点上加以考察的理由。"

毛泽东研究问题和解决问题向来重视从客观存在的实际出发，从特殊性出发。对抗日游击战争的研究亦不例外。毛泽东指出："抗日游击战争的战略问题，本来是密切地联系于整个抗日战争的战略问题的，许多东西二者都是一致的。然而游击战争又区别于正规战争，它本身有其特殊性，因而游击战争的战略问题颇有许多特殊的东西；抗日战争的一般战略问题中的东西，决不能照样用之于特殊情形的游击战争。"

毛泽东深入研究了抗日游击战争的六个具体战略问题：（一）主动地、灵活地、有计划地执行防御战中的进攻战，持久战中的速决战和内线作战中的外线作战；（二）和正规战争相配合；（三）建立根据地；（四）战略防御和战略进攻；（五）向运动战发展；（六）正确的指挥关系。他在文中指出："这六项，是全部抗日游击战争的战略纲领，是达到保存和发展自己，消灭和驱逐敌人，配合正规战争，争取最后胜利的必要途径。"

毛泽东从中国的广大人口在农村，五个人中就有四个是农民的特殊国情出发，认定中国要走农村包围城市和采取游击战争的武装斗争道路。他认定抗日战争根本上是农民的战争，只有把广大农民发动起来、组织起来，并在很大程度上发挥游击战争的威力，才能打败日本侵略者。1936 年 7 月，毛泽东同美国记者斯诺谈话时就谈到了这一条。他说："除了调动有训练的军队进行运动战之外，还要在农民中组织很多的游击队。须知东三省的抗日义勇军，仅仅是表示了全国农民所能动员抗战的潜伏力量的一小部分。中国农民有很大的潜伏力，只要组织和指挥得当，能使日本军队一天忙碌二十四小时，使之疲于奔命。”

正因为中国革命是农民的革命，抗日战争是农民的战争，所以毛泽东指出：“不要把‘农民’这两个字忘记了；这两个字忘记了，就是读一百万册马克思主义的书也是没有用处的，因为你没有力量。”农民打日本的主要战争形式是游击战。毛泽东对抗大的学员们说：“现在在抗战，‘游击战争’四个字，是制敌的一个锦囊妙计，要下决心到敌人后方去进行游击战争。”毛泽东又将中国革命的三大法宝之一的武装斗争称作游击战争，并对即将开赴华北抗日前线的陕北公学的学员们说：“你们不要看轻这‘游击战争’四个字，这是我们十八年艰苦奋斗中得来的法宝。”

在《抗日游击战争的战略问题》中，毛泽东将重视武装斗争同重视农村包围城市、重视农民、重视游击战争结合起来，这是毛泽东在中国革命道路上开创的一般和个别相结合的生动范例。这一结合在抗日战争中发挥了巨大效力。这篇文章对纠正抗战初期党内外存在的轻视游击战争的战略作用，寄希望于国民党军队的正规战争的错误认识，发挥了极重要的作用，指导和促进了抗日游击战争广泛而迅猛的发展。

本文来源：2015 年 5 月 25 日《北京日报》第 22 版

《论持久战》的主要内容和历史价值是什么？

曹应旺

《论持久战》是1938年5月26日至6月3日毛泽东在延安抗日战争研究会上的讲演稿。文章总结了抗战以来的经验，深入分析了敌强我弱、敌小我大、敌退步我进步、敌寡助我多助的矛盾特点，批驳了“亡国论”和“速胜论”的错误观点，阐明了中国不会亡，也不能速胜，抗日战争是持久战，最后胜利属于中国的道理。

《论持久战》是在知己知彼的基础上写出来的

比如，毛泽东分析：日本军队的长处，不但在其武器，还在其官兵的教养——其组织性；而中国的情况，他指出：“日本敢于欺负我们，主要的原因在于中国民众的无组织状态。”所以，“动员了全国的老百姓，就造成了陷敌于灭顶之灾的汪洋大海，造成了弥补武器等等缺陷的补救条件，造成了克服一切战争困难的前提”。

再比如，毛泽东分析了卢沟桥事变以来日本在十个月侵略战争中是弱于战略、强于战术，“敌人的战略战役指挥许多不行，但其战斗指挥，即部队战术和小兵团战术，却颇有高明之处，这一点我们应该向他学习”。文章分析抗日战争的持久战需要经过战略防御、战略相持、战略反攻三个阶段。他指出：“这个第二阶段是整个战争的过渡阶段，也将是最困难的时期，然而它是转变的枢纽”，“如能坚持抗战，坚持统一战线和坚持持久战，中国将在此阶段中获得转弱为强的力量”。

毛泽东在文中还分析了怎样进行持久战的问题，阐明能动性在战争中的作用，战争和政治的关系，实行持久战的战略所应采取的具体作战方针、作战原则和作战形式等。他指出：不同的战略阶段要实行不同的战争形式。战略防御阶段的战争形式主要的是运动战，而以游击战和阵地战辅助之。战略相持阶段的战争形式主要的是游击战，而以运动战辅助之。战略进攻阶段的主要战争形式仍是运动战，游击战辅助运动战和阵地战起战略配合作用。整个抗日战争中，中国将不会以阵地战为主要形式，主要和重要的形式是运动战和游击战。

《论持久战》是把握全局、预见未来、克敌制胜的战略性著作

历史事实证明：《论持久战》是把握全局、预见未来、克敌制胜的战略性著作。第一，抗日战争确实是按照战略防御、战略相持、战略反攻三个阶段发展的。第二，《论持久战》预测战略相持阶段：日本威胁南洋和威胁西伯利亚，将较之过去更加严重，甚至爆发新

的战争；日本地主资产阶级的野心是很大的，为了南攻南洋群岛、北攻西伯利亚起见，采取中间突破的方针，先打中国；日本打了中国之后，如果中国的抗战还没有给日本以致命的打击，日本还有足够力量的话，它一定还要打南洋或者西伯利亚，甚或两处都打；“欧洲战争一起来，它就会干这一手；日本统治者的如意算盘是打得非常之大的”。太平洋战争的爆发，完全证实了这一预见的正确性。

《论持久战》是毛泽东战略思维、战略领导的代表作

《论持久战》指出：“日本敢于欺负我们，主要的原因在于中国民众的无组织状态。克服了这一缺点，就把日本侵略者置于我们数万万站起来了的人民之前，使它像一匹野牛冲入火阵，我们一声唤也要把它吓一大跳，这匹野牛就非烧死不可。”《论持久战》分析中国的进步在于有了共产党；有了已经觉悟或正在觉悟的广大人民；有了资产阶级和无产阶级，中国已经结成了广大的统一战线，实现了空前的团结；有了政治上进步的军队；有了数十年革命的传统经验。这些进步时代的因素中，最根本的是在中国人民中产生了以为人民服务为宗旨的具有实事求是和远见卓识本领的中国共产党。有了中国共产党的领导才能改变中国民众的无组织状态，才能把中国人民动员起来、组织起来、武装起来，才能坚持艰苦的敌后游击战和带游击性的运动战，才能带领中国抗战由劣势向优势转变并取得最后的胜利。

《论持久战》是毛泽东战略思维、战略领导的代表作。日本发动全面侵华战争后，中华民族面临空前危机，全国人民最关心的问

题是：这场战争能不能胜利？怎样争取胜利？毛泽东在《论持久战》中分析了抗日战争的四个特点：敌强我弱、敌退步我进步、敌国土小人口少我国土大人口多、敌失道寡助我得道多助，准确地预见了抗日战争由防御到相持，最后到反攻的三个阶段，系统提出了争取抗战胜利的依靠力量和战略战术，使全国人民对抗战的进程和前途有了清晰的认识，极大地坚定了全国军民坚持抗战的信心。

《论持久战》鼓舞和指引我们夺取了抗日战争的伟大胜利

毛泽东的《论持久战》以卓越的洞察力科学地预见了中日战争的结局——“抗日战争是持久战，最后胜利是中国的”。

胡乔木曾诗赞毛泽东“挥将日月长明笔，写就雷霆不朽文”。《论持久战》是毛泽东“雷霆不朽文”中最具历史性影响和世界性影响的著作。王震将军曾说：“我们这些在抗日战场上直接参加战斗的人，在战斗的间隙，土炕油灯，如饥似渴，欣然阅读，备受鼓舞。完全可以说，一部光辉的《论持久战》，鼓舞和指引我们夺取了抗日战争的伟大胜利。”

毛泽东本人很看重《论持久战》这部著作。据何其芳回忆，1961年1月23日，应毛泽东之邀，他到中南海毛泽东住处讨论写《不怕鬼的故事》的序文。其间，毛泽东谈起国家大事时说，第一次大革命为什么没有成功，是因为缺少舆论准备。抗日战争时期，有《论持久战》和《新民主主义论》，就有了准备。

抗日战争时期，毛泽东的《论持久战》影响了很多人，也从思想上武装了很多人。林默涵回忆在《解放》周刊读到《论持久战》的情景时说："我看到的时间也就是1938年七八月的样子。我是在武汉郊区的山上一口气读完的。越看心里越亮堂，越看越高兴。中国不会亡，但也不会速胜。我从心底里呼出了这句话。""当时奇怪得很，仿佛自己换了个人一样，由茫然变得有信心了。"于是，林默涵1938年去了延安。他回忆说："毛泽东的《论持久战》是那一年发表的，它在最关键的时刻发挥了最关键的作用，指出了抗战的前途和国家的命运，也使我的思想产生了一次最大的变化。我就是因为看了《论持久战》，才萌发了去延安的愿望。"

叶剑英元帅在抗日战争胜利20周年时重读《论持久战》，曾作《七律·重读毛主席〈论持久战〉》诗一首，最后两句是："一篇持久重新读，眼底吴钩看不休。"

本文来源：2015年5月25日《北京日报》第22版

如何正确认识抗日游击战对全国抗战的作用？

李东朗

有一种议论说中国共产党的抗日游击战是小打小闹，大仗是国民党打的，言下之意是忽略甚至否定中共抗日游击战对全国抗战的作用。这是一个误解。

虽然中共抗日游击战因其战术特点，不如大战役那样引人瞩目，但在全国抗战中具有重大的战略地位和作用。它以非常有效的方式打击敌人，保持和壮大自己；它广泛发动群众，使日本侵略军陷入人民战争的汪洋大海；它开辟和形成地域广阔的敌后战场，牵制、消耗和消灭数量庞大的日军，有力形成对正面战场的战略配合；它的普遍实施和持续不断，给予日军支撑战争的“以战养战”战略沉重的打击。

决不能因其规模小而忽视其发挥的巨大战略作用。比如八路军在华北的大规模游击战，迫使日军集中重兵防堵。1940 年日本军方报告称：“日军在华北有 9 个师团和 12 个旅团的强大兵力被钉死在那里。”“华北治安的症结所在，并非国民党政府，而是中共。”

据统计，中共开辟的敌后战场抗击侵华日军的比例，1938 年是 58.8%，1939 年是 62%，1940 年是 58%，1941 年是 75%，1942 年是 63%。这 5 年中，还一直抗击着几乎全部伪军。1943 年抗击侵华日军的 58%，伪军的 90%；1944 年抗击侵华日军的 64%，伪军的 95%；1945 年则抗击侵华日军的 69%，伪军的 95%。虽然这些统计也可能存在误差，但相持阶段之后，经常有超过半数的侵华日军被牵制和消耗在敌后战场，是确定无疑的。

特别是敌后抗日游击战非常活跃。日军称："中共游击战和地下工作非常巧妙"，日军被迫打"不分昼夜、连续不断，永无休止的战争"。由于遭受敌后军民的频繁打击和巨大威胁，日军就频繁动用重兵疯狂"扫荡"敌后抗日根据地。比如日军对华北抗日根据地的"扫荡"，在 1939 年至 1940 年的两年中，出动主力千人以上的大规模"扫荡"达 109 次，使用总兵力在 50 万人以上；1941 年和 1942 年的"扫荡"更甚，一次使用兵力在千人以上至万人的达 132 次，万人以上至 7 万人的达 27 次，总计使用兵力达 83.9 万余人；1943 年和 1944 年的"扫荡"，千人以上的达 177 次，使用兵力 66 万多人，其中万人以上的大"扫荡"22 次，使用兵力 29.7 万余人。

这些情况充分说明，敌后军民在与日军的不断斗争中，在承受了巨大的危险、牺牲和损失的同时，给日本侵略军造成重大的伤亡，使其消耗巨大，成为抗战的中坚力量，对抗战胜利起到了决定性的作用。中共抗日游击战和敌后战场的战略地位和巨大作用是不容忽视的。

本文来源：2020 年 9 月 7 日《北京日报》第 15 版

为什么不能简单地以牺牲将领数量评判抗战贡献？

石仲泉

网络上曾流行这样一种极端说法：“抗战时期国民党 100 多位高级将领牺牲，共产党仅仅牺牲了左权（八路军副参谋长）1 位高级将领。”以此来贬低中国共产党对抗战胜利所发挥的作用。对此，有必要进行辨析。

不可否认，国民党主导的正面战场进行了 22 个大的战役，牺牲了比较多的将领。这些将领都为抗战的最后胜利作出了自己的贡献，应当铭记并彰显他们的历史业绩。但是，不能以此来贬低共产党的抗战功劳。全民族抗战开始时，国民党有 250 万军队，共产党领导的军队不过四五万人，而且装备、给养很差。国共双方军事实力悬殊，是客观事实。共产党领导的军队能够始终同国民党军队一样去进行阵地战吗？显然，不可能。共产党根据自身特点确定了“基本的游击战，但不放松有利条件下的运动战”的军事战略方针，是正确的，而且得到了国民政府军事委员会的确认。只要这样打游击战，就不可能牺牲那么多将领。但是，在抗战中发挥的历史作用如何，不能以牺牲将领的多少为标准。那种以牺牲将领的多少为标准，来评价在抗战中发挥的历史作用大小的看法，是将不同性质的问题混为一谈，是个伪命题。

全民族抗战爆发后，中国共产党领导的八路军各师主力在华北广大敌后区域开展游击战争，同时开辟根据地。到 1938 年底，八路军各部先后在日伪军占领的广大地区开辟了晋察冀、晋西北和大青山、晋冀豫、晋西南、山东等抗日根据地。华中的新四军在组建后进入长江南北敌后地区开展游击战争，在皖南、苏南等地为建立抗日根据地打下了基础。华南抗日游击队也创建和发展了琼崖等游击根据地。这些根据地的发展，成为广泛开展游击战争，打击日本侵略者的重要依托。1944 年，共产党领导的敌后军民在华北、华中、华南地区，对日伪军普遍发起局部反攻，部分沦陷区还变成了根据地。特别是国民党军队在正面战场遭遇 1944 年豫湘桂战役的溃败后，共产党领导的敌后军民抗战的战略作用更加凸显。到 1945 年春，包括原有的抗日民主根据地在内，全国解放区总面积近 100 万平方公里，人口近 1 亿，人民军队发展到近 100 万，还有民兵 220 万。这为对日全面反攻、夺取抗日战争的最后胜利，准备了重要条件。

诚然，中国共产党领导的抗日武装力量也进行过像百团大战那样大规模的战役，并取得了辉煌战果，消灭了日军 2 万多人。但是就整个抗日战争来讲，共产党领导的抗日武装力量主要是深深扎根于人民群众之中，以分散游击方式，在广大地区进行无数次小的战斗，即打麻雀战、地雷战、地道战，组织武工队、铁道游击队等多种形式进行战斗。这样的战斗天天进行，处处发生，逐个地消灭敌人有生力量。至抗战结束，人民抗日武装力量对日作战 12.5 万次，消灭日伪军 171.4 万人，其中日军 52.7 万人。这里讲的作战次数和消灭日伪军的人数不是抗战后讲的，而是在抗战时期就报告国民政府了的。

长期以来，有一种论调叫“游而不击”，就是在贬低中国共产党领导下的抗日根据地在抗战中的作用。上述数据是最有力的反驳。毛泽东指出，尽管我们的正式军队比起国民党现存的军队在数量上少得多，但按其所抗击的日军和伪军的数量及其所担负的战场的广大来说，按其战斗力等项情况来说，“它已经成了中国抗日战争的主力军”。如果就共产党领导的人民军队数量和消灭日伪军数量的比例，与国民党军队的数量和消灭日伪军数量的比例来作比较，这个结论是符合历史实际的。

本文来源：2015 年 8 月 3 日《北京日报》第 19 版

为什么说所谓中国共产党“利用抗日坐大”是个伪命题？

石仲泉

抗日战争时期，中国共产党领导的抗日民主根据地呈现出发展壮大的态势。这既是中国共产党在抗战中发挥中流砥柱作用的重要依托，也是中国共产党自身力量发展壮大的重要表现。但是长期以来在此方面有一种论调称：中国共产党“利用抗日坐大”。这是一个伪命题。

中国共产党不是在打抗日旗号，而是实实在在地在抗日。进行抗日的地方，就是国民党军队没有保住的大片国土，也就是敌人的后方。中国共产党在敌后抗日流血牺牲，寸土必争地发展起来了，怎么能说是“坐大”呢？国民党指挥的一些仗没打好，丧失了许多国土，共产党到那里去进行敌后抗战，打游击战争，建立抗日民主根据地。这是收复国土，不是什么“坐大”。正如有学者指出：“处于强敌包围形势下的敌后战场，如果共产党军队不作战、不苦斗、不流血，是一天也‘游’不下去、一天都‘坐’不住的。”

国民政府污蔑共产党军队在敌后“游而不击”“乘机坐大”，这种说法根本违背了战争基本规则，即只有消灭敌人才能保存自己。国民党掌握国家政权并有外援的飞机、大炮和坦克，有雄厚的弹药补充，抗战时消耗子弹就达17亿发，有条件与日军打正规战。而在落后山村活动的八路军、新四军基本没有外援，主要靠轻武器甚至是原始的刀矛作战。

八路军、新四军进入敌后开创根据地后，日军面对其后方基地和运输线受到威胁，长期以其在关内的约半数兵力对根据地进行“治安战”，并以其特有的毒辣狡猾实行了“铁壁合围，捕捉奔袭，纵横扫荡，反转电击，辗转抉剔”等战术，还以杀光、烧光、抢光的“三光政策”摧毁根据地军民的生存条件。1941年至1942年，敌后解放区人口曾降到五千万，八路军、新四军的数量降到四十万。在这种艰苦环境中，敌后解放区通过粉碎一次次“扫荡”才得以坚持下来，并在1944年后再度迎来大发展。事实证明，当年共产党领导的军队只有“抗”方能“大”，光“坐”岂能变“大”？

八路军、新四军能在最艰苦的敌后坚持抗战，靠的是人民拥护。当时国民党派到敌后的兵力远比共产党多，游击战却没有打成，其军队得不到人民支援，向民间掠取更会结怨于百姓。在日军“扫荡”下，敌后国民党军队倒真是陷入“游而不击”的状态之中，最后或逃回或投敌当了伪军。至1943年以后，敌后抗日武装力量中就只有八路军、新四军“一统天下”。

在抗战开始的防御阶段，日本侵略军来势凶猛，丢失一些国土，这在所难免。共产党收复国民党军队丧失的国土，以及开辟的根据地都是在日伪军占领的敌占区、沦陷区建立和发展起来的，丝毫没去抢夺国民党统治区的地盘。说共产党“坐大”，只能证明丢失国土者的无能。国民党军队也有在敌后的，但主要不是收复日本侵略军占领的地区，而是抢占八路军、新四军已经收复并建设成为抗日民主根据地的地方。那时所发生的摩擦、冲突就是这么引起的。在抗战中，国共两党既有合作抗日的共同利益，又有各自所代表阶级的不同利益。由于后者，两党曾经血战十年。这时合作抗日，既为民族的共同利益而战，也为在这个大前提下的各自阶级利益而战。对于共产党来说，这是坚持独立自主原则。因此，那种称中国共产党“利用抗日坐大”的言论，至少是不了解历史的表现。

本文来源：2015 年 8 月 3 日《北京日报》第 19 版

中国共产党在抗战中的主导作用体现在哪里？

石仲泉

抗日战争不仅仅是中日两国双方的战争，更牵涉多国关系和多方利益。国际形势的变化和日方战略的调整都深刻地影响着国共两党关系，也深刻地影响着中国抗战形势发展。

随着抗战深入展开，中国的抗战形势越来越错综复杂。如果说日本政府是企图吞并中国的疯狂侵略者，那么国民党顽固派则可称为国共两党关系紧张局势的麻烦制造者。处理不好内外多方关系，中国抗战随时都有中途妥协乃至失败的危险，甚至重新爆发内战。正是因为中国共产党根据不断变化的国际和国内形势，适时调整政策和策略，正确把握民族矛盾与阶级矛盾的关系，才使国共两党坚持合作、抗战到底，从而对夺取中国抗战胜利起了具有决定意义的主导作用。这具体表现在以下几个方面。

其一，中国共产党深刻分析不断变化的中国抗战形势，正确处理两国三方关系，对引导中国抗战胜利起了领航性主导作用。在抗日战争中，国民党具有两面性，既有抗日、联共一面，又有对日妥协和“溶共”“防共”“限共”，乃至“反共”一面。如何处理两党关系，维护抗日民族统一战线，成为一个非常棘手的问题。但是正如毛泽东所说：“共产党人现在已经不是小孩子了，他们能够善处自己，又能够善处同盟者。日本帝国主义者和蒋介石能够用纵横捭阖的手段来对付革命队伍，共产党也能够用纵横捭阖的手段对付反革命队伍。”中国共产党人对于抗战形势的逆转和两党关系的恶化，以及可能发生的突然事变作了充分思想准备，并酝酿了相应的应对措施，因而两次打退反共高潮后，都迫使国民党回到继续抗日的正确方向，为中华民族夺取抗战的最后胜利积累了政治和军事力量。

其二，中国共产党深刻分析不断变化的国内阶级关系，对使抗战力量最大化，起到了凝聚性主导作用。这反映在对中国资产阶级、中间势力的认识变化上。1940 年 3 月，毛泽东首次从各阶级对待抗日的态度上，特别是对大资产阶级的不同派别对待抗日的态度作了深入分析。随着抗战形势的发展，共产党对“中间势力”作了深刻分析，提出发展进步势力、争取中间势力、反对顽固势力的策略，把“争取中间势力”提高到关系抗战形势发展的关键意义上来认识，强调党的任务就是争取中间势力的进步和转变。这无论在政治上、军事上，还是在打退两次反共高潮及共同抗日的斗争中，都起到重要作用。

其三，中国共产党深刻分析国民党不断变化的对日立场和对共产党的态度，提出了一整套政策和策略，对推动国民党抗战到底起了督促性主导作用。中国共产党与国民党打交道的经验教训，深化了与国民党的又团结又斗争的策略原则，以推动国民党共同抗日，择其最主要者有：一是提出“坚持抗战，反对投降；坚持团结，反对分裂；坚持进步，反对倒退”三大方针。二是揭示了又团结又斗争的多层次多侧面关系，强调以斗争求团结。三是提出了同国民党顽固势力的斗争必须坚持“有理、有利、有节”原则。坚持这三个原则，就能“使国民党既不能投降日本又不能大举进攻共产党，将国民党引导到对敌斗争一个目标上去”。这些原则，为坚持两党合作抗日确立了准绳，从而共同夺取了中华民族抗战的伟大胜利。

本文来源：2015 年 8 月 3 日《北京日报》第 19 版

侵华日军怎样看待中国共产党领导的敌后战场？

孙果达

抗日战争期间，正面战场与敌后战场，互为依存，共同抗日。侵华日军作为历史的当事一方，作为两个战场的共同敌手，当时对中国共产党领导的敌后战场所起的战略作用有大量记载，为“中国共产党是抗日战争的中流砥柱”的结论提供了有力的佐证。

敌后战场在抗战中的战略地位高于正面战场

在日军眼里，正面战场的战略地位不及敌后战场，因为日本侵华战争的战略重心在华北。换句话说，敌后战场的战略分量重于正面战场。依据如下。

其一，1938 年 8 月 8 日，东京制定的战争“总方针”规定：“事变处理的结局应是，尽快地首先解决华北问题。”又是“结局”，又是“尽快”和“首先”，表明日本的主要注意力集中在华北。

其二，“东京直接指导”。众所周知，日本多年来处心积虑地想让华北“独立”，因此对华北特别重视，连日本的中国派遣军总司令部都不能直接指挥，“华北的政务大部分由东京直接指导，故妨碍总军的统一”。

其三，“分割华北”。“华北的特殊性，乃是根据其战略地位和埋藏资源而作为我基础国防圈的观念”，“企图分割华北”，“华北的满洲化”，导致“中央所有政府机关和民间机构为了各自的利益，争先恐后地进入华北”。

其四，“中央政府”。1938年11月上旬，为避免持久战，东京宣布：“解决事变的当前目标，至少应以自主地建立日、满、华北为一环的国防圈为着眼点，以防止日华再战。”随即东京又在其《华北政权建设研究》中进一步明确：“其所提倡的新政权不是华北地方政权，而应是取代南京政府的中央政府，其政令得在日军势力范围内所属全部地区普遍施行。”

其五，“华北国”。“日本人把华北的战略重要性置于华南与华中之上。日本人抓住华北不放，并尽力使之与满洲、日本融为一体。”“从战略上说，占领这个地区比占领华中华南远为重要。”

其六，“兵站基地”。持久战迫使日军以战养战，华北也就成了日军的“兵站基地”，其战略地位在日军的战略计划中也就得到进一步的提升。

既然日本的政治、军事、经济等利益高度集中在华北，又由“东京直接指导”，那么结论应该很明确，在日本的全局战略考量中，正面战场的战略地位与敌后战场不能相提并论。

敌后战场对持久战的战略支撑强于正面战场

在日军眼里，速战速决变成“持久作战”的“症结所在”是中国共产党及其领导的军队。换句话说，为“华北国”服务的速战速决战略，主要是被敌后战场的共产党及其领导的军队所粉碎。依据如下。

日军在开战之初进展很快，在占领武汉后，却似乎匪夷所思地停止了进攻。原定速战速决的日军为何分散兵力而开始持久作战呢？日军的相关档案记载了答案：1938 年 12 月，日本的《对华处理办法》规定，“目前最重要的基本工作是恢复治安”，“如无重大的必要时，不企图扩大占领地域”。“持久作战的样式，便成了保持占领地域及毗邻地域内的治安和对敌反攻企图的反击。”“华北治安的症结所在，并非国民政府，而在中共。”“总之，可以断定，今后华北治安的对象是共军。”以上都明确把敌后战场作为日军不得不放弃其速决战战略，不得不进入“持久作战的样式”之主要“症结”“对象”和首要原因。

为了迅速实现“分割华北”的战略目的，日军也就不得不停止正面战场的进攻，不得不把主要精力转向敌后战场，以便立即清除华北的所有抗日力量，为“华北国”的早日建立奠定基础。但出乎日军意料的是，中国共产党及其领导的军队成了“华北治安的症结所在”，所谓的“治安战”也就不得不成为持久战。

日军可以在正面战场速战速决，却在敌后战场不得不陷入“治安作战”的旷日持久。“总之，对华作战已处于进退维谷的境地。”

双方战略的优劣胜负，必将直接决定战争的进程与结局。尤其在日军眼中，其速决战战略失效的原因“在中共”。因此结论应该很明确，对持久战取代速决战，敌后战场的战略支撑要大于正面战场。

敌后战场对日军的战略攻势猛于正面战场

毛泽东在《抗日游击战争的战略问题》中明确指出，八路军在敌后战场的战略就是“主动地、灵活地、有计划地执行防御战中的进攻战”，“游击战争的基本方针必须是进攻的”，“从进攻战中打了很多的胜仗，才能达到战略防御之目的，最后战胜日本帝国主义”。从全局看，无论是正面战场还是敌后战场显然都是在战略防御，但从局部看却大相径庭。

其一，正面战场始终处于消极的防御态势，以不失阵地为目的。敌后战场的中国共产党及其领导的军队却始终处于积极的防御态势，其实是始终处于战略性的攻势状态，以缩小沦陷区、扩大解放区为目的。

其二，正面战场的日军一直处于战略进攻态势，敌我双方军事行动的表象与实质完全一致，因此很容易判断。但敌后战场的日军一直处于战略性的防御态势，敌我双方军事行动的表象与实质完全相反，因此不难发现：中国共产党及其领导的军队是以战术性防御的形式来展开其战略性的攻势，而日军则以战术性进攻的形式来体现其战略性的守势。

其三，敌后战场的我攻敌守，不仅迫使日军为了后方的“治安”而不得不分散其进攻兵力，也有效有力地支援了正面战场，而且还迅速改变了战场初期一边倒的态势，从而在战略上一举促进了相持阶段的到来。

其四，日军从速战速决到不得不“治安作战”，既标志着其既定战略的破产，也标志着其战略主动权和主导权丧失的开始，更标志着其在双方最为关键的战略对决中的落败。

其五，日军的评价：“中国军由于在各方面败退，全面进入了游击战，扰乱日军后方。尤其共军的游击战术巧妙，其势力与日俱增，广泛地扩大了地盘。”“共军的机动游击战法极为巧妙、顽强，成为我治安上最大的祸患。”

在敌后战场的较量中，日军的守势其实不敌中国共产党及其领导的军队的攻势，败给了抗日游击战。结论应该很明确，敌后战场的战略攻势要猛于正面战场。

敌后战场对日军的战略会战烈于正面战场

在日军眼里，敌后战场是一场“不分昼夜、连续不断、永无休止的战争”，“陷在泥潭里的浴血战争”。换句话说，中国共产党及其领导的军队主动发起的战略性攻势作战与日军迫不得已的战略性守势应战，其实质是一场战略大会战。依据如下。

其一，这是一场不计时空、大象无形的战略会战。敌后战场的攻势作战所讲究的是面而非点，是势而非力，是攻而非守，是持续而非阶段，是立体而非平面，是整体而非局部，是战略而非战术，是对以柔克刚这一传统经典的完美诠释。

其二，这是一场犬牙交错、永无休止的战略会战。敌我双方你来我往，难分包围反包围，蚕食反蚕食，不见前线后方，不管时间地点。其时间之久，空间之大，人员之众，交锋之频繁和程度之惨烈，是世界反法西斯战争之罕见。

其三，这是一场日军无所不用其极的战略会战。据日军当时记载的说法就有：总体战治安战，治强战粉碎战，清剿战楔入战，撒网战囚笼战，毒气战细菌战，电波战思想战，长途奔袭铁壁合围，“三光政策”无人区，鱼鳞式包围圈，牛刀子战术，为渊驱鱼战，反转电击，清乡蚕食，怀柔政策，经济封锁，以战养战，治安强化运动等，其内涵早已超出了单纯的军事范畴，集政治、军事、经济等方面于一体，既体现了日军对敌后战场的咬牙切齿，更反映了日军对敌后战场的焦虑、恐惧与无奈。

其四，这是一场以小制大、以弱胜强的战略会战。会战集“扫荡”和反“扫荡”、封锁和反封锁、包围和反包围、战役和战略于一体，是全方位全天候的持久持续作战，是敌我双方生死相搏的血肉磨坊。日军档案总结：“这一战争，不是以往的持久战，也不是消耗战，而是一种独特的战争。”“甚至在我方势力范围内部深处经常潜藏有敌人的军事力量。”“总之，华北的治安战，是一场在战线的形状、战斗力的构成、作战的方法等各方面都复杂多端、千变万化的战争。”“没有明确战线的战争”“陷在泥潭里的浴血战争”“我们越来越深地陷入了永无尽头的消耗的泥潭中了”。

敌后战场的战略会战不仅严重消耗了日军的人力、财力与物力，更严重瓦解了日军的士气。就此而言，正面战场的作战效果难以与敌后战场相提并论。

敌后战场对日军的战略威胁大于正面战场

在日军眼里，“共产党的力量将是建设大东亚新秩序的大障碍”。换句话说，共产党将使“华北国”胎死腹中。依据如下。

其一，从战争的准备看。日军对正面战场的常规作战驾轻就熟，是打有准备之仗，但对敌后战场不仅完全出乎意料，还一无所知，是打无准备之仗。

其二，从战场的位置看。正面战场的常规作战处在日军的“对面”，并不能构成对日军的致命威胁。敌后战场却处在日军的“背面”，更像是“钻进铁扇公主肚子里的孙悟空”，致使日军难以防范而成为心腹大患。

其三，从作战的形式看。日军在正面战场的作战是相对单纯的攻防问题，但在敌后战场的作战之复杂程度远远超出了日军所经历过的军事行动和所拥有的军事经验。

其四，从军事主动权看。正面战场对日军来说主要是选择何时进攻和如何进攻的问题，也就是掌握着主动权，但在敌后战场却是怎样才能有效防御突然袭击的问题，也就是丧失了主动权。

其五，从战略的效果看。正面战场双方的作战即使规模再大，也仅是一种战术上的对峙与进退，但敌后战场却是在战略上紧紧扼住了日军的“七寸”。

其六，从日本的评估看。“渗透占领区的中共势力，乃是治安的主要症结”“对付共军犹如割除根深蒂固的杂草，费尽力气毫无成效，真是无能为力”。1939年东京就已经认识到：“今后，危害华北的和平和秩序的‘癌症’，将是中国共产党及其军队”，“深深感到，将来共产党的力量将是建设大东亚新秩序的大障碍。”

其七，从客观的事实看。敌后战场紧紧卡住了日本妄图建立“华北国”及其“中央政府”和“兵站基地”的咽喉，也就成了日本最大的心病、最大的战略障碍和最致命的威胁。

如果说正面战场对日军难以招架，那么敌后战场对日军可谓一招制敌。尤其在日军眼里，共产党及其领导的军队是其“建设大东亚新秩序的大障碍”。两相比较，结论应该很明确，正面战场对日军的战略威胁远不及敌后战场。

敌后战场对民众的战略动员广于正面战场

在日军眼里，“共产党在华北的长处是它与群众休戚相关，这是中共的生命”。换句话说，日军也悟出了中国共产党能够成为抗战之中流砥柱的根本。依据如下。

其一，解放沦陷区。要解放沦陷区就必须深入敌后。当日军的进攻来势汹汹时，中国共产党领导的区区三万人马居然迎敌而进深入敌后，甘愿进入日军的战略重围，甘愿承担所面临的敌众我寡、敌强我弱的风险以救沦陷区民众于倒悬，其不畏强敌不惧生死的精神、道义和勇气就已经真实具体地体现了敌后战场所担负的民族大义及其客观散发的人性感召力。

其二，沦陷区民众的抗战。敌后战场的共产党及其领导的军队唤起了沦陷区民众的抗战，更成为沦陷区民众的主心骨。其以少敌众、以弱敌强、舍生忘死、视死如归的血与火，让沦陷区民众不仅看到了什么是中华民族真正的血性、胆气与魂魄，更激发了保家护院、同仇敌忾的自尊、自强、勇气和力量。坑道战、破袭战、掀帘战、地道战、地雷战、堡垒战，自卫队、联防队、工作队、武工队等因陋就简、因地制宜的战术战法层出不穷，都是沦陷区民众的发明创造，更属“兵民是胜利之本”的真实体现。

其三，日军的评价。“（华北）方面军认为，华北肃正治安工作至今未能满意的根源，在于共军对群众的地下工作正在不断深入扩大。”“共军的民众工作极为彻底，居民对有关八路军的情况，均不轻易出口。各村的‘空室清野’，也均严格执行。”“敌区的居民，被动员起来，密切协助共军抗战，达到所谓军民一致的状态。”“中共掌握农民大众的方法极为巧妙，已在华北各地施行，此点，日本望尘莫及。”

正面战场从“前方吃紧”到“后方紧吃”，敌后战场却“军民一致”，两相比较，结论应该很明确：对民众广泛的战略动员，与民众唇齿相依、血肉相连，正面战场难望敌后战场之项背。

敌后战场取得的战略效应优于正面战场

到 1944 年秋，华北日军不得不承认："对于'面'的控制，在当前形势下是不可能的，只能考虑确保'点'和'线'的措施。"从"华北国"到"点"和"线"，日军其实已经甘拜下风，已经承认在敌后战场的战败。

正面战场从丢城失地到大批要员和军队投敌再到兵败如山倒，敌后战场从解放沦陷区到解放区的全民皆兵再到解放区的越战越勇、越战越强。

日军的占领区在正面战场的日益扩大与在敌后战场的日益缩小，两相比较，结论很明确：敌后战场所取得的战略成果与战略价值，正面战场望尘莫及。

综上所述，从战略地位、战略支撑、战略攻势、战略会战、战略威胁、战略动员与战略效应七方面，看战场上中日双方的厮杀对决，看中华民族的反侵略战争，最基本的历史事实已经形成了客观的结论：中国共产党作为中国抗日战争的中流砥柱不仅名副其实，更是当之无愧。

本文来源：2025 年 5 月 12 日《北京日报》第 11 版

中外记者团与美军观察组如何评价八路军的抗战表现?

卢　毅

长期以来，一直有人指责中国共产党在抗战中“游而不击”，并未取得多少战果。这种论调近年在网络上一度流传甚广。但这种说法并不符合事实，有的材料甚至完全是杜撰的。来自中外记者团、美军观察组的材料，就充分彰显敌后战场的地位和作用，说明中共军队绝非“游而不击”。

冈瑟·斯坦因：中共部队“在不断地战斗”

1944年，中外记者西北参观团对延安和晋绥根据地进行了长达数月的采访。访问归来后，美联社记者冈瑟·斯坦因立即在美国《基督教科学箴言报》上撰文说：“在封锁线后面我发现了这样一个热烈的新社会，简直使我目瞪口呆。五年以来，在重庆对共产党除恶意的诽谤而外毫无所闻的我，对着在延安所发现的事物，吃惊地擦拭着自己的眼睛。”1945 年回国后，他又出版《红色中国的挑战》一书，并在书中列出专章“中共作战努力目击记”，从不同方面引证了大量材料，证明中共部队“在不断地战斗”。他还澄清：“从我所见到的一切证据来看，我的结论是：延安所说的中共领导的战绩，比我在重庆和西安所听到的国民党的战绩可靠得多。”

哈里森·福尔曼：现在我们亲眼看到八路军是作战的

在这次采访活动中，美国合众社记者哈里森·福尔曼曾经近距离观看了晋绥军区第八分区的一场战斗，深受鼓舞。他在庆功会上说：“过去有人告诉我们八路军不打仗，现在我们亲眼看到八路军是作战的；过去有人同我们讲八路军没有伤兵，现在我们看到了八路军是有伤兵的；过去有人给我们讲八路军没有捉住俘虏，现在我们看到了八路军捉住了俘虏；过去有人给我们讲这地方人民害怕并恨八路军，现在我们看到了人民是爱护八路军、拥护八路军的。”

回国后，福尔曼又写出了一本《北行漫记》，把他在边区的见闻和八路军的抗战事迹写成生动的故事，并从他拍的一千张照片中选出最好的 65 张做插图。他在书中首先声明：“我们新闻记者多半是既非共产党，也不是共产党的同情者。”但在目睹了大量事实后，他这样写道：“从我两月中和八路军在敌后一起活动中所见到的事实——真的从事参加于这种坚强据点与碉堡的占领与毁坏——我才相信共产党的说话并无夸张之处。攻势只在武器缺乏与形势不利下受到限制。业已有华北抗日根据地区域中的八千万人当中的五千万人，从日本人的高压下面解放出来。不但此也，华北大城市如北平、天津、太原、济南和青岛，目前虽在敌人控制下，却直接与时常受到八路军的威胁，他们只是缺少武器去把它们克复。”

武道：八路军真是能打仗

美国记者武道是国民党中宣部顾问，被国民党当局认为政治上忠实可靠，但延安之行改变了他的态度。回到重庆后，他在新闻界联席会议上坦言：他过去对八路军共产党是反对的，可是这次到了延安和晋西北，证明他过去的观点是错误的，八路军真是能打仗。他在为重庆《大美晚报》撰写《我从陕北回来》一文时，又从八个方面谈到边区的所见所闻：老百姓生活进步，土地革命已停止，医药设备不够用，人民都有选举权，适应抗战的学校，强烈的抗战意志，言论出版自由，我看见了战斗。

艾金山：中共军队竭力抗击日寇

继中外记者团之后，美国《纽约时报》驻中国特派员艾金山也进入边区访问。他后来也指出：“随共军进入战地的外国记者都认为中共军队的确竭力抗击日寇。有许多在沦陷区跳伞降落的美国航空队员，多由中共游击队营救出险，对中共尤为感激和赞扬。自然，中央军也有过同样行为。不过我曾注意考察地名，去年三月每次日本广播与华军接触，事如属实，十之八九是与共军冲突。同盟社称他们为‘中国红军’。”

美国军事观察组：八路军在前线英勇作战、战绩辉煌

与此同时，美国还曾派了一个军事观察组到延安和晋绥、晋察冀抗日根据地考察。通过实地考察，“他们看到八路军在前线英勇作战、战绩辉煌，绝非国民党所诬蔑的‘游而不击’”。于是，他们向国内报告：“最最重要的、无可争辩的事实是，共产党军队，从抗日战争开始几乎一无所有，在华北、华中一个很大地区里，不仅保存了下来，而且极大地增强了他们的实力，在那些地区里他们正继续牵制着大量日军”，“七年来，共产党人牵制了很大一部分日本在中国的军队；七年来，共产党人在华北抵御日本人的坚决而组织严密的大规模进攻，成功地保卫了大片地区”。1945 年 3 月，观察组成员卢登还在华盛顿举行了一次记者招待会，向美国新闻界介绍了中共武装部队抗日的情况。他说：“虽然共产党部队缺乏武器，他们仍然在有效地进行抗日游击战争”，“中共军队虽然在装备上还不能同日本大规模作战，但他们困扰着日军，对日军积极进行游击战争”。他同时介绍了中共援助美国飞行员、协助收集日军情报和气象情报的事例。今天看来，这些对中共抗战的记录和报道显然是比较客观公正的。

本文来源：2020 年 7 月 20 日《北京日报》第 15 版

来华西方人士如何看待中国共产党的敌后游击战？

张德明

全民族抗战时期，中国共产党领导的敌后游击战与国民党的正面抗战相配合，取得了突出战绩。其间，曾有大批外国记者、外交官、军官、医生、学者等，到中共抗日根据地实地考察，并写成大量纪实性著述。这些著述对中共的敌后游击战有大量生动的记载，具有珍贵的史料价值，亦正面肯定了八路军和新四军的战绩。

“是我见过的最克制的军队”

八路军、新四军与中共领导下的游击队、民兵相配合，在敌后抗战中发挥了重要作用。来华西方人士对中共军队的抗战活动进行深入报道，并对中共的军队建设、军民关系等有所论述。

西方人士从军纪、行军、政治教育工作等方面进行介绍。如对于中共军队严明的军纪，曾访问山西八路军驻地的美国军官卡尔逊在 1937 年 12 月致美国官方的信中称："八路军从不骚扰人民，自觉遵守纪律，严于律己，从不调戏妇女，是我见过的最克制的军队。这种看似不可思议的现象是教育和有效组织的结果。"这种作风与国民党部队形成鲜明对比，故能赢得民众的支持。

中共军队的政治教育工作是其特色之一，也是作战胜利的保证。卡尔逊对八路军的政治工作评价称："每个作战部队都有一名与军事指挥员拥有同样权威的政委。虽然政委的工作是指导军队的政治工作，但他也主动了解当前的军务，所有的军事计划在执行之前都要经过政委的批准。同样，军事指挥员也要了解军队政治工作的动态。显然，这两项工作必须不断协调。政治工作是八路军军事行动获胜的最重要因素。"1944 年访问延安的美军观察组则对中共军队作出综合评价，称"中国共产党的正规军是一支年轻力壮、丰衣足食、训练有素的部队。士兵们都是自愿参军，颇为聪慧，且士气高昂"。

"使日本军队无法保持稳固的驻地"

与国民党在正面战场的抗日不同，中共依靠的是在抗日根据地大力开展敌后游击战。西方人士对游击战的评论较多，且重点关注其具体战术。1937 年 10 月，毛泽东同英国记者贝特兰谈话时曾称："军事上的第一要义是保存自己消灭敌人，而要达到此目的，必须采用独立自主的游击战和运动战，避免一切被动的呆板的战法。如果大量军队采用运动战，而八路军则用游击战以辅助之，则胜利之券，必操我手。"

对于敌后游击战的战术，爱泼斯坦指出，中共“看准了日军战线拉得太长有顾此失彼这个弱点，在防守力量薄弱的敌人据点之间有广大的空隙地区可以打游击战和运动战。敌后辽阔的农村地区就这样逐步成为解放区”。曾担任红军军事顾问的德国人李德在全民族抗战初期仍在延安工作，据他观察，“八路军在取得初战胜利之后，不再以军，也极少以师的规模作战，而是以旅、团以至营为单位分散活动。这些部队袭击日本小股队伍，特别是日本人的后勤部队。这样，自己遭受的损失较小，而得到的战利品则十分可观。这些部队的主要目的是在距离城市和交通线不远的山区和广大地区创建根据地，使日本军队无法保持稳固的驻地”。在晋察冀根据地的燕京大学英国教师班威廉也曾指出：“八路军以山区的主要抗日根据地为中心，时时向敌人袭击。这项策略之所以能够发生效果，乃是基于一个事实，那就是：敌人因扩展封锁区域的结果，兵力分散得厉害，每一据点往往只有少量的护卫部队，因此中国军队可以随心所欲地越过整个的铁路地带而不致遇到优势的敌军。”西方人士的这些描述，基本反映了八路军游击战的精髓。

“他们一刻不停息地活动，牵制了大量敌军”

中共实施的阵地战、运动战与游击战的关系，也是来华西方人士颇感兴趣的问题。1938 年 2 月，毛泽东在同美国合众社记者的谈话中指出：有人说，我们只主张游击战，这是乱说的，我们从来就主张运动战、阵地战、游击战三者的配合。在目前以运动战为主，以其他二者为辅，在将来要使阵地战能够有力地配合运动战。而游击战，在它对于战斗方式说来，则始终是辅助的。斯诺对中共军队在抗战中的灵活机动的军事战术进行了分析，指出共产党军队使用了三种主要的作战方式，分别用不同的战术方法发展，分别是游击战、运动战和机动战。其中前两种属于攻势作战，可以按照预定计划快速地分散，也是防止战斗形势逆转的唯一防御措施。而在机动战中，共产党军队的战术则包括对点和线的纵深防御，而且把阵地只看成暂时性的，完成掩护或部队撤退任务后，便会放弃。共产党军队不会死守一城一地，而是基于快速移动与优势兵力的基础上，进行积极主动的进攻。

对于中共游击战的军事价值，美国军官卡尔逊也曾有过比较中肯的评价，他称："八路军的领导人不承认这种战术是决定性的，也不认为它能取得最终胜利。这种策略的主要目的是延长战争，第一，使日本军队无法通过政治手段控制非占领区；第二，使日本军队无法利用自然资源；第三，努力增加日军在交通线上运输粮食和武器的难度。八路军完全实现了这些目标。"西方人士认识到游击战对日军重兵驻防阵地的打击力度有限，但认为此种作战方式可为正面战场提供支持。加拿大医生白求恩曾明确指出："单纯的游击战是无法取得战争的胜利的，只有通过大规模正规军的阵地战才能取得最终的胜利。但游击队是正规军的补充，游击队的作用非常重要。他们的活动减轻了正规军的战斗压力。他们一刻不停息地活动，牵制了大量敌军。他们的攻击活动能够掩饰正规军的转移方向和真正的军事攻击地点，掩盖真正的兵力集中地带。"

斯诺还看到中共敌后游击战对正面战场的影响，称"八路军在运动战中所获得的胜利，给予中日两军大大的影响。当组织化、政治化、群众化的游击战术阻扰日军进入山西的时候，此种战术的成就给予其他华军一种鼓励和希望的泉源，抵消了东南两战场纯粹防御的阵地战的痛苦经验”。

“军民之间完全是团结一致的”

与国民党片面抗战、不敢发动民众不同，中共敌后游击战的开展，依靠的是大力发动民众，武装民众参与抗战。中共组织的游击队、民兵等配合八路军、新四军作战，确保了游击战的成功。因当时西方搞不清楚中共领导下各类武装的性质，爱泼斯坦曾专门作过解释。他称，“八路军是高度统一的正规军，采用游击战术，和两类人民武装配合：一类是游击部队，虽然不是正规军，但可以根据战术需要，命令游击部队从一个地方移动到另一个地方；另一种类型是自愿组建的民兵自卫队，只在自己的城市和农村地区附近活动”。奥地利医生罗生特曾在根据地进行医疗服务，他在谈到山东、江苏等地中共组织的民兵时说：“民兵的任务是，向八路军报告敌军调动情况，主动出击小股敌人，抗击来犯之敌以待八路军援兵。他们破坏铁路、公路，在敌人交通线上埋地雷。民兵装备虽然差，却能发扬中国革命的伟大传统，从敌人手中夺取武器。民兵是农民子弟，他们都留在各自的村镇里，耕种和保卫自己的土地。当然，八路军会在军事上、政治上给予指导。”

美联社记者斯坦因1944年曾访问延安，在谈到中共军事动员的实际效果时称：“八路军和新四军的部队在任何地方进攻或防守时，他们都会自动具有比实际人数大很多倍的兵力。在任何规模的战斗中，装备最好的正规军总是在前线抵抗敌人的主力部队。装备简陋的特别游击队，专门从事拦截、欺骗敌人、分割敌人侧翼的工作。民兵扰乱和狙击小规模的敌人，埋设地雷，破坏敌人行动，帮助保持情报联系，并带领正规军穿过他们的活动区域。”

正是在广大民众的坚强支持下，敌后游击战才能取得胜利。1944 年，作为美军观察组成员访问延安的外交官谢伟思也曾感慨：“这种抵抗之所以可能并取得成功，是因为它是由彻底动员起来的民众大胆进行的全面游击战争。在这种彻底动员中，作为领导者和组织者的共产党正规部队，仍然服从于数量多得多的人民自身的武装力量。正规部队之得以存在，是由于人民允许、支持他们，并全心全意地与他们并肩战斗。军民之间完全是团结一致的。”

“在中国正是游击战争牵制了较大部分的日本军队”

来华西方人士还对中共敌后游击战的成绩，以及在抗日战争中的贡献表示肯定，驳斥了国民党有关“中共不抗战”的错误言论，对中共抗战的国际宣传发挥了巨大作用。

斯坦因曾高度肯定中共军队对日伪军的打击，称：“日军和他们的傀儡不能重新征服共产党控制的地区，事实反而被囚禁在沿他们的运输线和大城市四周一条条狭小的土地上。几乎每个敌人据点和碉堡都经常被包围，那里的守军的给养往往非常困难。共产党的侦察员监视着他们设在战略要地的每英里的防御沟，日军总是企图通过这些防御沟向处于危急中的碉堡赶派援军。共产党有很好的情报系统，能预先知道敌人的全部行动。而地方民兵的发展和正规军的机动性，大大地加强了他们的防御力量。”对于新四军在敌后游击战中的成绩，美国记者史沫特莱称，新四军的游击战，使“这些伪军及其日伪政权，只能在日军派有重兵防守且有围墙的大城镇中活动，敌人的卡车或船只只能在配备武装的情况下行驶”。

当时来华的西方人士还通过具体的案例和数据介绍中共的抗战成绩，有助于国际社会更直观地了解中共抗战。1937 年曾访问延安的美国学者毕森在其之后出版的著作中通过对比国民党军队和中共军队的战绩，指出：“如果同国民党逐渐减少的军事行动作比较，共产党的军事行动显得更加突出。到 1940 年，中共军队牵制了侵华日军 40 个师团中的 17 个，占全部在华日军的五分之二。从 1940 年 7 月到 1941 年 6 月，国民党军队造成日军伤亡 182094 人，而中共军队造成日军伤亡 130010 人，占总数的 42%。鉴于国共两党在资源上的巨大差距，特别是美国一直在稳步增加对重庆的援助，而根本没有向延安提供援助，这个比例显得很重要。”曾在延安从事无线电服务的英国学者林迈可肯定了全民族抗战后期中共对日军的牵制作用。他称：“在大多数战场上，游击队活动是辅助阵地战的。但是在中国正是游击战争牵制了较大部分的日本军队。一九四四年三月，至少有二十二个师（团）即日本在华兵力的百分之六十四在正规战线后面对共军作战。即使日军在河南发动进攻之后，这个比例仍达百分之四十七。除了这些日军之外，汪精卫的七十八万伪军几乎全部是用以对付共军的。”

鉴于中共敌后游击战的成功，早在 1938 年 3 月，美国军官卡尔逊在致罗斯福的信中提到，应将敌后游击战推广到中国的其他战场。

他认为：“八路军发展和改进了一种独特的抵抗侵略的方法。这种方法如果推广到中国其他地区，就可以阻断交通路线，使日军得不到足够的粮食和军需，有效地控制了敌人的纵深，使他们能够打持久战。这种做法使中央政府有充足的时间来训练一支敌人难以对付的军队，并攻击和消灭日本的主力。此外，一场旷日持久的战争将耗尽日本的力量。”虽然国民党在抗战时期也曾开展敌后游击战，但其效果却不尽如人意。

全民族抗战时期，来华的西方人士记述了中共敌后游击战的活动细节，多方面展示了中共蓬勃发展的军事力量，有助于国际社会了解中共敌后游击战的战术、战斗情况、影响等，这些记录在今天也是珍贵的资料。正如国际友人汉斯·希伯的评价，“国际人士看着新四军、八路军，把他们作为反对投降日本的保证，作为坚持中国抗日与最后彻底胜利的保证，作为争取中国独立民主的保证。国际人士知道，新四军、八路军已为中国写下最光辉的抗战史迹”。西方人士的相关观察与评论，打破了国民党的新闻封锁，从正面宣传了中共敌后游击战，在一定程度上亦纠正了国民党舆论攻击中共“游而不击”的谬论，对抗战时期中共对外宣传工作作出了不可忽视的贡献。

本文来源：2025 年 5 月 26 日《北京日报》第 12 版

抗战期间究竟牺牲了多少位中国共产党将领？

朱成山

长期以来，对于抗战期间牺牲的中国共产党将领群体的考证与认定问题，在人们的认知乃至学术研究上一直是个空白。由此导致很多人认为，在抗日战争期间，中国共产党部队只牺牲了1位将领（左权将军），而国民党部队却牺牲了100多位将领。这种认识误区直接影响到人们客观、理性地认识中共在抗日战争中的作用及其评价，甚至影响到客观评价中国在世界反法西斯战争中的地位和作用。

如何界定这个在整个抗日战争期间发挥了重要作用的群体呢？这首先需要我们把中共领导的抗日部队的发展置于整个抗日战争的大背景下来考察。1931年9月18日，日本发动九一八事变，中国开始了局部反对日本帝国主义入侵的艰苦抗战，一直到1945年8月15日日本宣布无条件投降为止，中国整整经历了14年的抗战。在这14年中，中共领导下的抗日部队逐步由散兵发展到正规军，特别是在1937年后，中共抗日部队逐渐发展成为包括八路军、新四军、华南抗日游击队、东北抗联等在内的部队。

在抗日战争的艰难岁月里，在血与火的洗礼中，这支人民军队战斗在华北、华中、华南、东北等广袤国土上，与日本侵略军进行了殊死搏杀。从 1931 年九一八事变到 1937 年卢沟桥事变，再到全国全面抗战路线的形成，直到 1945 年抗日战争的胜利，中共领导的抗日部队除坚持了游击战等敌后战场作战、开辟抗日根据地外，在抗日战争最艰难的时刻坚持人民战争，紧密配合国民党的正面战场作战，为打败日本侵略者建立了不可磨灭的功勋，许多人为此献出了宝贵的生命。

据不完全统计，从 1937 年到 1945 年的全民族抗战中，中共领导的八路军、新四军、华南抗日游击队人员损失近 60 万人，其中伤 29 万余人，牺牲 16 万余人，被俘 4.5 万余人，失踪近 9 万人。当然，这里面还没有包含 1931 年至 1937 年的军人伤亡，也没有包含东北抗联的伤亡。

那么，在 14 年抗战中，有资料可查的中共抗战先烈中到底有多少位是将领呢？据有关专家初步考证，在与国民党部队牺牲的同等级别的将领对比研究中发现，仅东北抗联就有 70 位以上的中共将领在抗战中献出了宝贵的生命。当然，由于受到资料的限制，实际上肯定远远不止 70 位中共将领。

本文来源：2015 年 6 月 1 日《北京日报》第 19 版

为什么会出现对中国共产党牺牲将领群体的认识缺失？

朱成山

造成人们对中国共产党牺牲将领群体认识的缺失的原因有很多，不仅仅有学术研究上的空缺与偏差，同时还有历史造成的种种原因。总体来说，主要有以下几个方面。

抗战中牺牲的许多中共部队高级军官，本来与国民党军队将领级别相当，但并没有被授予相应的军衔

1937 年 8 月 22 日，国民政府军事委员会宣布红军主力改编为国民革命军第八路军，辖 3 个师，每师编制 1.5 万人；师辖 2 个旅，每个旅辖 2 个团。国民党当局又于 1937 年 10 月 12 日宣布，将湘、赣、闽、粤、浙、鄂、豫、皖 8 省边界地区的中国工农红军游击队和红二十八军等部，改编为国民革命军陆军新编第四军，下辖 4 个支队。取消红军番号，将红军改编为国民革命军，这是中共在民族

危难关头为促成国共合作而向国民党作出的重大让步之一。由于部队编制的减少，许多中共部队的高级军官，实际上被降了几级任用。有些人后来在抗日战场上牺牲了，但历史并没有给他们“正名”，恢复应有的将领身份。

红军经过改编后，就八路军而言，与改编前相比人数虽未减少，但编制级别却大大降低。主要表现在：由原来的 3 个方面军改为 3 个师，有的军级编制降为营级编制，如原红二十九军改编为第 129 师特务营，原红三十军改编为第 129 师炮兵营，原红军独立第一师和陕北独立团改编为第 120 师特务营。在此次改编过程中，大多数红军干部不得不降级任用，许多高级将领“官降三级”，甚至“官降四级”。方面军总指挥当师长，军团长当旅长，军长当团长。如红二方面军总指挥贺龙任第 120 师师长，红二方面军副总指挥萧克任第 120 师副师长，官降四级。如红十五军团军团长徐海东任第 115 师 344 旅旅长，红六军团军团长陈伯钧任第 120 师 359 旅旅长，官降四级。如红一军团第二师师长杨得志任第 115 师 343 旅 685 团团长，红十五军团第 78 师师长韩先楚任第 115 师 344 旅 688 团副团长，官降三级、两级不等。这就导致后来在抗战中牺牲的中共部队的将领，许多本来与国民党军队中将领级别相当，应当是将领，但并没有被授予同等的军衔。如 1938 年 4 月 18 日牺牲的叶成焕烈士，红军改编时由师政委改任团长。如果根据国民政府当时授予旅长以上为少将的规定，叶成焕烈士理应为将军，这还没有考虑牺牲后军衔追加的问题。

抗战期间，中共部队在军衔制上没有形成一个系统的制度和管理体系

纵观整个抗战期间，中共部队在军衔制上没有形成一个系统的制度和管理体系，这是造成抗战期间中共领导的部队一直没有统一的军衔，乃至军官牺牲后也没有进行军衔上的追加和认定的一个重要原因。

中共部队从初创到抗战初期在待遇方面都是平等的。正如毛泽东在《井冈山的斗争》一文中指出的，红军“从军长到伙夫，除粮食外一律吃五分钱的伙食。发零用钱，两角即一律两角，四角即一律四角”。这种办法在军队中实行了很长时间。因此，那个时候军队内部还没有明确的等级观念，官兵待遇基本上是一样的。因此，从中共领导人的谋略上看，也就谈不上实行军衔制的问题。

七七事变以后，为了国共合作和促成全民族统一战线的形成，又因为当时国民党军队是有军衔的，并且已经有了比较完整的军衔体系，所以中共部队在这个时候提出了军衔问题。1939 年 4 月，八路军以总司令朱德和副总司令彭德怀的名义，给毛泽东和中央书记处发电，正式提出了在我军内实行军衔制度的建议，并正式发文对军衔的评定标准作了明确规定。此后，有一部分中共将领被授予了军衔，如当时的第 120 师师长贺龙、副师长萧克被授予了中将军衔，第 120 师参谋长周士第、第 358 旅旅长卢冬生等被授予少将军衔。实际上，中共部队在这一时期被授予军衔的只是少数人，这部分人大都是需要经常与国民党打交道或搞统战工作的人。尽管 1939 年的

这次授衔工作，有具体的措施，也有部分人员被授予了军衔，但是，由于历史的原因，这一次授衔工作最后还是没有真正在中共部队内普遍实施。1942 年 4 月 24 日，党中央作出了“军队中暂不规定等级军衔”的决定，标志着中共部队的第一次授衔工作宣告结束。

在第一次授衔工作结束后，党中央又进行过两次纯属临时性的授衔。一次是在 1945 年 9 月，为了与苏联红军在军衔上一致，从而能够更好地开展工作，党中央给临时派到苏联的 6 位派出人员授以军衔。另一次是 1946 年，为了便于中共部队派往各地的军事调停处的代表能与国民党的代表平等工作，进行了临时性的授衔。但在国民党发动了全面内战之后，这部分中共将领被授予的军衔也就自动取消了。

中共部队一直没有按照国际惯例追加在抗战中牺牲的将领军衔

二战中，无论是国民政府，还是苏联、美国等，在嘉奖战争中阵亡的将士的同时，普遍追加了军衔，就连加害国日本的军队也不例外。如 1937 年 8 月 29 日，侵华日军第 3 师团步兵 5 旅团步兵 6 联队队长仓永辰治步兵大佐，在入侵上海吴淞铁路码头的作战中，被中国军队击毙，后被追晋为陆军少将。1939 年 6 月 17 日，侵华日军华中派遣军第十三军 15 师团步兵团团长田路朝一陆军少将，在安徽南部的一次战斗中，被中国军队击毙，后被追晋为陆军中将。国民政府方面，如第七十九军中将军长王甲本在衡阳保卫战中壮烈殉国，国民政府追赠为陆军上将；南京保卫战中牺牲的萧山令等几位少将，后均被国民政府追赠为陆军中将，等等。但对于中共领导的抗日部队牺牲的将领们来说，没有对他们进行过军衔上的追加。

新中国成立后首次授予军衔时，对抗日战争中牺牲的中共将领没有进行军衔上的追加

1955 年在全国授予军衔的时候，只是对在战争中幸存下来的中共将领进行了军衔授予。从此，中国人民解放军有了自己的 10 位元帅、10 位大将、57 位上将等等。但对在抗日战争中牺牲的官兵仅仅是追认为烈士，并没有进行军衔上的追加。

毫无疑问，所有抗日的党派，所有抗日的阶级、阶层，都对抗日战争作出了自己的贡献。其中，中共领导的人民军队，在抗日战争中担负着敌后战场作战的任务。人民军队在敌人后方所进行的游击战争，有着伟大的战略作用。在这中间有许多中共将领献出了宝贵的生命。从职务上来讲，他们有的是师长，有的是旅长，有的是团长，但他们对于抗日战争的胜利作出的贡献都是巨大的。全面定位这个群体有利于进一步理解中共在抗日战争中的中流砥柱作用，更有助于理解中共领导的人民军队的作用。

据史料记载和部分官兵的回忆，在许多中共开辟的根据地中，当地老百姓平时都称中共高级指挥官为将军。如 1937 年 9 月升任中共东北反日联合军第五军军长的柴世荣，被东北当地老百姓称为“神兵天将飞将军”。有的中共部队领导人，不仅仅是老百姓，就连国民党人也认为他们是将军，如 1939 年底，苏中根据地负责人管文蔚

及惠浴宇、陈同生等同志，应国民党人李明扬的邀请，去泰州访问时，李明扬公开打出了“欢迎四将军”的标语。

在抗战中牺牲的中共将领作为一个特殊群体，理应给予他们应有的定位。正如徐向前在1955年授军衔大会上说：“我们这些人是幸存者，许多战友牺牲了。如果他们不牺牲，元帅、将军应该是他们的。”

考证与认定抗战期间牺牲的中共将领群体，就可以改变战后几十年来一直认定的中共在抗战中牺牲的将领数量偏少的偏见，还原历史本来面目，也在一定程度上有利于人们理解中国人民抗日战争在世界反法西斯战争中的地位，即中国人民抗日战争为世界反法西斯战争的胜利作出了巨大的民族牺牲。

本文来源：2015年6月1日《北京日报》第19版

第二部分

东方主战场

为什么说中国战场是世界反法西斯战争的东方主战场？

王建朗　陈文秀　刘庭华

1941 年 12 月 8 日，日本偷袭珍珠港成功，美太平洋舰队被重创。此后几个月里，日军占领了东南亚和太平洋的广大地区。日本利用这一时机，在中国加紧对各敌后抗日根据地“扫荡”“清乡”；同时加紧对国民政府诱降，企图早日结束中国战争，腾出兵力对付英、美，并等待有利时机攻打苏联。在此后的数年中，中国抗战经历了最艰苦的阶段。

太平洋战争爆发后，美国参加了第二次世界大战。以罗斯福为首的美国决策者作出了先欧后亚的决定，其重要根据之一，就是估计到有中国拖住日本的后腿，使日军战线太长，兵力不足，无力展开大规模的攻势。先欧后亚的决策，大大减轻了苏、英等盟国的压力，使在纳粹铁蹄下的欧洲人民早日解放出来，而中国人民却为此承受了更大的负担，付出了更大的民族牺牲。

长沙会战是太平洋战争初期盟军对日作战的唯一胜利，与英美在东南亚战场的一败涂地形成明显对比

太平洋战争初期，日军在太平洋战场和东南亚战场上几乎所向披靡。1941 年 12 月 25 日，日军占领香港；1942 年 1 月 2 日，日军占领马尼拉；1942 年 2 月 15 日，日军占领新加坡；随后，荷属东印度亦告沦陷。数月之内，日军取得了毙伤俘英、美、荷等盟军官兵约 30 万人的战绩。

此时在中国战场上，日军进犯长沙。结果，中国军队在长沙会战中重创日军，取得了毙伤日军 5 万余人的战绩。长沙会战是这一时期盟军对日作战的唯一胜利，与英、美在东南亚战场的一败涂地形成明显对比。英国《泰晤士报》评论称：同盟军唯一决定性之胜利系华军之长沙大捷。美国陆军参谋长马歇尔就此发来贺电。以往对日军战斗力比较轻视，而对中国抗战战绩有所不满的英、美，此时终于领教了日军的战斗力，体会到中国抗战之艰辛。

太平洋战争爆发后，盟军为更有效地协调作战，成立了中国战区。太平洋战争时期，日本仍有 110 万左右的军队用于中国战场，这一数目超过了日军在东南亚和太平洋各岛的兵力总和。此外，还有 70 多万关东军驻守在东北地区。由于中国战场牵制了日军主力，日军无法向太平洋战场转移更多兵力，这就有力地支持了盟军在太平洋战场的作战。

太平洋战争爆发后，中国战场既是对日作战的空军基地，又是最后进攻日本本土的战略基地

中国战场作为世界反法西斯战争的东方主战场，处于极其重要的战略地位。日本发动侵华战争，不仅是要灭亡中国，更是要以整个中国为后方基地，进而与德意法西斯瓜分世界。所以，中国抗日战争的发展，对苏联对德作战，对美、英等国在太平洋和东南亚地区的对日作战，对世界反法西斯战争局势的变化，都有着举足轻重的作用。

中国战场作为亚太地区盟军对日作战的重要战略基地，为同盟国提供了大量战略物资和军事情报，在人力、物力、财力方面有力支援了同盟国的反法西斯斗争。

太平洋战争爆发后，中国战场既是对日作战的空军基地，又是最后进攻日本本土的战略基地。1942 年 4 月 18 日，美军轰炸机从太平洋上的航空母舰上起飞，轰炸了日本东京、横须贺、横滨、名古屋、神户等城市后，在中国空军机场降落。1942 年，美国援华志愿航空队（“飞虎队”）被改编为美国空军驻华特遣队，并于 1943 年 3 月扩编为美国第十四航空队，继续执行轰炸日本海上运输线和日本战略要点任务，直接支援美军对日作战。

中国为美军提供的机场主要有重庆、成都、昆明、柳州、桂林、衡阳等，同时允许美军在八路军晋绥、太行等地以及新四军第 5 师区域内设立电台，向美军提供日军情报及气象资料；美国第十四航空队也与中国共产党领导的东江纵队合作，建立了情报、通讯、气

象等联系，这些都为盟军占据战场主动发挥了重要作用。中国还为苏联、美国、英国等盟国提供了大量的战略物资，包括数量巨大的矿产品和畜牧农产品等，有力地支援了盟国的反法西斯战争。

中国的抗战打破了日本军队的“以战养战”企图，战争成了消耗战，使日本侵略者大亏其本

中国人民坚持抗战，不但拖住了大量的日军，还导致日本国力在消耗战中衰竭。这一时期，纳粹德国的侵略一直没有遇到有效的抵抗。被德国占领的国家，经济未受到大的破坏，很快被纳入德国战时经济轨道，使德国战争实力大为增加。德国占领的国家在 1941 年共生产 1280 万吨钢、1000 万吨铁、1.8 亿吨煤和 400 多万吨石油，德国在 1939 年至 1940 年历次战争中共缴获 150 个师的武器装备（包括机械化重型装备），单缴获的汽车就可装备 92 个师。

当希特勒在西方大发战争横财的时候，中国的抗战打破了日本军队的“以战养战”企图，战争成了消耗战，使日本侵略者大亏其本。1937 年，日本全年军费达 32.7 亿日元（以后又追加 20 亿日元），占国家预算的 69%，此后军费连年增加，财政经济状况大大恶化。1939 年 5 月，日本前企划院总裁泷正雄（近卫首相的亲信）告诉冈村宁次：“……在内阁五相会议上，池田藏相说不能保证长期的物资供应。”

日本国内的财政经济困难，人民生活水平下降，政局不稳，又影响了前线的日军。日本自明治维新建立新式军队以来，在以往历

次对外战争中没有打过败仗，军队极为骄横，自以为“皇军无敌”。然而自中国全民族抗战开始，日军连续遭到意想不到的沉重打击，连年陷于苦战，损失惨重，官兵的士气日益下降，在战争初期日军就消耗了大量精锐部队，不得不仓促动员后备役部队。有的兵员还来不及整训就投入战争，结果军队素质下降，战斗力也大为减弱。日本是在兵力不足、财政困难、内部分歧严重、民心不稳、士气下降的情况下，硬着头皮冒险走向太平洋战争的，和希特勒进攻苏联时的情况不可同日而语。

当全民族抗战爆发之时，中日两国在经济和军事实力对比上相差悬殊。虽然日军挟武器优势，侵占了中国大片国土，中国东部和中部的大中城市基本上都告沦陷，然而中国抵抗的怒火始终熊熊燃烧。

1938 年末，正面战场终于稳住了战线，与日本展开拉锯战，战争进入相持阶段。在相持阶段，中国军队还不时发起攻势作战。1939 年 12 月至 1940 年 2 月，正面战场各战区发起了冬季攻势作战，共计毙伤日军 5 万余人。特别是昆仑关一役，中国军队消灭日军第 5 师团 21 旅团大部，击毙该旅团长中村正雄少将，取得了振奋人心的胜利。

在日军后方，中国抗日军民的斗争并未停止。中国共产党领导敌后军民打出了一片新天地，缔造出一个个抗日根据地，使日军“后方”变成了令其寝食不安的“前方”，日军陷入中国人民战争的汪洋大海之中。敌后抗日力量展开了多种形式的游击战，地道战、地雷战、麻雀战等作战方式充分体现了装备落后但意志坚定的敌后军民的抗日勇气和智慧。随着敌后抗日力量不断发展壮大，敌后战场还发起了百团大战这样的全面进攻作战，给日军以沉重打击。在最困难的1941年至1942年，八路军、新四军和游击队、民兵共作战4.2万余次，毙伤俘日伪军33万余人。可以说，这一时期，敌后游击战成为消耗日军力量最为恰当的攻势战略，也成为消耗日军胆略与士气最为有效的心理战略，为改变中日战争力量对比，促使中国度过最为艰难也最为重要的相持阶段发挥了决定性的作用。

中国的抗日战争，是世界反法西斯战争中爆发最早、结束最晚的生死之战。中国的抗日战争，彻底击碎了日本法西斯妄想独霸中国、与德意法西斯瓜分世界的迷梦，中国战场是名副其实的世界反法西斯战争的东方主战场。

本文来源：2015年8月17日《北京日报》第19版

敌后战场为何被称为世界反法西斯战争的独特景象？

金一南

全民族抗战开始，德国在中日之间“调停”。德国驻华大使陶德曼在给德国外交部的密电中，这样描述蒋介石对“调停”的态度：“他（蒋介石）秘密地告诉我，假如他同意日本要求，中国政府会被舆论浪潮冲倒，会发生革命，唯一结果就是中国共产党会在中国占优势，这就意味着日本不可能与中国议和，因为共产党是从来不投降的。”

在国民党副总裁汪精卫及20余个中央委员都先后投敌的情况下，蒋介石说出“共产党是从来不投降的”这句话，也算是共产党人给他留下的最深刻印象。毛泽东、周恩来、朱德、彭德怀这些人的骨头是很硬的。在整个抗日战争期间，共产党的高级领导者无人向日本人投降，八路军、新四军也没有任何一支部队去当伪军。

民族危亡关头，中国共产党人给中华民族注入前所未有的精神气概。

抗日战争是一个半殖民地半封建的弱国面对一个帝国主义强国

的战争。

1937 年 7 月 17 日，蒋介石发表庐山讲话，文稿中 6 次提到“弱国”，同时也指出：“眼前如果要求平安无事，只有让人家军队无限制地出入于我们的国土，而我们本国军队反要忍受限制，不能在本国土地内自由自在，或是人家向中国军队开枪，而我们不能还枪。换言之，就是人为刀俎，我为鱼肉！我们已快要临到这极人世悲惨之境地。这在世界上稍有人格的民族，都是无法忍受的。”国民政府随后组织淞沪会战、南京保卫战、太原会战、徐州会战、武汉会战……国民政府在正面战场的坚决抵抗，让日本侵略者始料未及。

更让侵略者始料未及的，是出现了另一个战场——中国共产党领导的敌后战场。这是世界反法西斯战争中国战场出现的独特景象。

应该说日本方面肢解中国、侵占中国的计划从来就不是草率和简陋的。从甲午战争前后它在中国做的大量细致情报工作和在国内完成的周密军事准备，可见一斑。20 世纪 30 年代前后，从 1928 年 6 月皇姑屯事件到 1931 年 6 月“中村事件”、7 月“万宝山事件”、9 月九一八事变，从 1932 年一・二八事变到 1935 年“张北事件”再到 1937 年七七事变，日本一直在通过不断地制造危机和利用危机，有条不紊地向预定目标节节推进。

但这一轮它错了。它犯下的最大错误，就是以为历史会简单重复，以为还会像甲午战争消灭大清北洋水师和击溃清朝陆军就可获得丰厚的割地赔款一样，只要击败蒋介石的中央军就可征服中国。这是它最主要的战略盘算。它没有想到面前出现一个全新力量——中国共产党，没有想到这个党动员起来、组织起来、武装起来的民众，为侵略者垒起一座无法逾越的高山。

七七事变之前，日本侵略者以为“三个月灭亡中国”，他们只看到了中国政府的羸弱。七七事变发生 20 多天后的 1937 年 7 月 31 日，蒋介石对身边亲信透露“可支持六个月”，他也只看到了国民政府手中的有限资源。

1938 年 5 月，毛泽东发表《论持久战》，则是看到了中国民众中蕴含的巨大能量。弱国要不被消灭而且战胜强国，必须动员民众、组织民众、武装民众、依靠民众。只有全民动员起来，进行人民战争，才能持久抗战，打败日本侵略者。

随着战场上国民政府军队节节后退，八路军、新四军坚决向敌后挺进，先后在华北、华中和华南的广大农村建立了众多抗日根据地。日本侵略者完全没有想到要面对两支性质完全不同的军队，两个完全不同的战场。

中国最广大的地区还是农村，最众多的民众还是农民。开辟与发展农村抗日根据地，是真正动员民众、组织民众、武装民众、依靠民众与日本侵略者持久作战的核心与关键。七七事变后，日军全力以赴进攻蒋介石的国民政府军队，基本不把共产党领导的八路军和新四军等放在眼里。随着越来越深入中国土地，情况变化越来越出乎他们的预料。

1939 年 12 月，日本华北方面军参谋长笠原幸雄说：“华北治安战的致命祸患就是共军。只有打破这个立足于军、政、党、民的有机结合的抗战组织，才是现阶段治安肃正的根本。”到 1940 年 8 月八路军发动百团大战时，日军已有 9 个师团和 12 个旅团被钉死在华北，严重牵制了日军兵力，消耗了日本国力。

敌后战场全民皆兵，全民参战，军民一致打击侵略者的状况，令日军震惊不已。日军第一军参谋朝枝繁春回忆：“（在百团大战中）八路军的抗战士气甚为旺盛，共党地区的居民，一齐动手支援八路军，连妇女、儿童也用竹篓帮助运送手榴弹。我方有的部队，往往冷不防被手执大刀的敌人包围袭击而陷入苦战。”日军独立混成第三旅团报告冀南作战的遭遇：“两名特务人员捉到当地居民，令其带路，当接近敌村时，带路的居民突然大声喊叫‘来了两个汉奸，大家出来抓啊！’。”

这正是毛泽东所说的：“战争的伟力之最深厚的根源，存在于民众之中。”动员民众、组织民众、武装民众、依靠民众，是共产党的法宝。《华北治安战》评论：“共军与民众的关系，同以往的当政者不同。中共及其军队集中全力去了解民众，争取民心，不但日本，就连重庆方面也远远不能相比。”日军山口真一少尉与国共两党的军队都打过仗，对于两种完全不同的作战方式，他的比较与总结是：“对神出鬼没的共军每天都要进行神经紧张令人恐怖的战争，不如打一次大规模的战斗反倒痛快。其后我参加过老河口作战，我回忆在中国四年之中，再也没有比驻防在（冀南）十二里庄当队长时更苦恼的。”

这也正是日本侵略者的巨大悲剧所在：不但要面对蒋介石领导

的正面战场，还要在毛泽东领导的敌后战场面对觉悟了的、开始为捍卫自身利益英勇战斗的千千万万普通民众，如毛泽东所说，“就造成了陷敌于灭顶之灾的汪洋大海”。

本文来源：2015 年 7 月 20 日《北京日报》第 17 版

中国远征军是一支什么样的部队？

汤重南　胡德坤　刘潇湘

中国的抗日战争可以分为三个战场：正面战场、敌后战场和国际战场。前两个战场，大家一般都知道，国际战场大家了解得就相对少一些。国际战场中最主要的是中国远征军在缅甸开辟的战场，其贡献是巨大的。

1942 年 3 月，中国远征军奉命出征缅甸。在绵延的滇缅公路上“车队蜿蜒行进，长达数里，烟尘相接，蔚为壮观”，“大有我武唯扬，气吞山河之势”。中国远征军由此跨出国门，开始了中国军队自甲午战争以来第一次异域远征。

远征军第一次入缅作战，以同古保卫战规模最大，最为激烈

入缅抗战可分为前后两个阶段。第一阶段的作战史称第一次滇缅战役，始于 1942 年 3 月远征军第 200 师入缅参战。远征军第一次入缅作战，以同古保卫战规模最大，最为激烈。入缅先锋部队是

第200师。师长是戴安澜中将，为黄埔三期毕业生，是历经长城抗战、台儿庄战役、武汉会战及昆仑关之战的抗日名将。戴将军率第200师千里跃进，于1942年3月8日进驻缅甸重镇同古，接替英军防务并掩护其撤退。从3月19日开始到3月30日撤出，进行了艰苦卓绝的同古保卫战：日军四倍于我，多次发动地面步、炮、坦克与空中飞机狂轰滥炸的联合猛攻，还在3月26日至28日施放数百发毒气弹。第200师官兵多人中毒，伤亡极大。虽是孤军作战，但第200师同仇敌忾、奋勇搏杀，取得歼敌五千的骄人战绩，使日军受到侵缅以来最为沉重的打击。

第200师终因弹尽粮绝且三面被围，被迫于3月30日放弃同古。第200师的英勇善战，震惊了日军，获得了中国及盟国的同声赞誉。不幸的是，在突围时，戴将军胸腹部受伤，于1942年5月26日殉国。毛泽东、朱德、周恩来、蒋介石、林森等国共两党领导人纷纷送挽诗、挽联。

仁安羌之战成为中国抗战史、二战史及世界军事史上一个光辉的战例

第一次滇缅战役，又以仁安羌之战最令人振奋。1942年4月中旬，英缅军第1师及装甲第7旅7000多名官兵被日军两个联队（相当于团）包围于缅甸大油田仁安羌地区，只得向中国远征军告急乞援。为解英军之围，4月17日，新38师师长孙立人命113团团长刘放吾率团星夜驰援。刘放吾团经两昼夜反复冲杀，歼敌1200多人，击溃日军主力，于4月19日成功救出包括英缅军总司令亚历山大在内

的7000多名英军、百余辆汽车、千余马匹，另外还解救出被日俘虏的英军、记者、美国传教士等500多人。

这次大捷是中国远征军第一次重大胜利，使中国军队扬威国内外，轰动英伦。新38师的师长、团长都受到褒奖，后来英国当局也为他们授勋表彰。仁安羌之战，刘放吾团以少胜多，以劣胜强，击退数倍于己之敌，救出9倍于己之友军，在中国抗战史、二战史及世界军事史上成为一个光辉的战例。

十万远征军有六万将士永远长眠在异国他乡，是抗战以来各次战役中死伤最多的一次

中国远征军第一次入缅作战，虽然进行了英勇的血战——同古保卫战，取得了仁安羌大捷，但由于仓促应战，中、英、美三方，甚至中国各军多方计划、指挥系统十分混乱，指挥失措，招致战局态势不断恶化。1942年5月初，日军侵占了缅甸并侵入中国云南境内，从而截断了中国远征军退路。加上气候炎热，疫病流行，中国远征军多次陷于绝境。

中国远征军惨败后，分两路向印度和中国云南撤退。一路为第五军新38师及第五军军部、新22师分别于5月及7月撤入印度。在撤退途中，他们穿越了纵深达480公里的不毛之地野人山地区。部队粮尽药绝，有的断粮达七八天。官兵历尽艰险，损失惨重，饥病交加，死亡累累，“沿途尸骨遍野，惨绝人寰”。新22师入缅时9000余人，各次战斗中伤亡2000余人，撤退时伤亡达4000余人，到达印度时，官兵仅为入缅时的三分之一。

另一路为第五军第96师向滇西后撤，他们辗转行军于山高路险、毒蛇猛兽频频侵袭的野人山地区。第96师入缅时9000余人，撤回的仅为3000余人，与新22师大体一致。在入缅作战及撤退中为国捐躯的除戴安澜中将外，还有第96师少将胡义宾副师长、新38师少将齐学启副师长等。

出征时的十万中国远征军，经历腥风血雨的拼杀和悲惨万分的溃败，六万将士永远长眠在异国他乡了。这是抗战以来各次战役中死伤最多的一次。

中国抗战中最早将日寇驱出我国的一次胜利大反攻

中国远征军第二阶段的作战史称第二次滇缅战役，亦称缅北反击战。

反攻作战由缅北会战、滇西会战两部分构成，后在美国的帮助下，中国远征军对撤退到印度兰姆伽的部队实施整训，接受美式装备，并进行丛林作战的训练；而英国则负责向中国军队提供食宿和军饷。这是中国军队历史上第一次系统而彻底地接受西方现代军事思想和现代军事装备，战斗力由此得到质的提升。中国又先后从国内空运三个师共五万人到印度，接受训练之后合编成两个军共十万余人，称为中国驻印军。中国驻印军在缅北战役中的主要任务就是打通一条新的援华通道，以保持中国战场的战争能量。

1943年10月，中国驻印军开始反攻缅北。经过一年多的战斗，取得多次胜利，乘胜向滇西畹町推进。1944年5月，中国远征军从滇西开始反攻，经过8个月的浴血奋战，连克日军重兵防守的滇西重镇腾冲、松山、龙陵、芒市等。进攻腾冲、松山，特别是龙陵的战役，极为艰苦和惨烈，但最终夺取了胜利。1945年1月，中国远征军在云南把日军赶出了国门。这是中国抗战中最早将日寇驱出我国的一次胜利大反攻。中国远征军在畹町与中国驻印军于1945年1月胜利会师。

中国驻印军和中国远征军在缅甸、滇西的反攻作战，是中国人民抗日战争中最重要的战役之一。近30万中国官兵，不畏艰险困苦，英勇顽强，舍生忘死，虽付出伤亡7万余人的巨大牺牲，但力胜强敌，夺取了反攻战役的完全胜利，打通了中印公路，为抗战和世界反法西斯战争作出不可磨灭的重大贡献，提高了中国抗战的国际声誉和历史地位。

本文来源：2010年2月22日《北京日报》第19版

美国的国际援助是完全无条件的吗？

李东朗

近年来，关于“飞虎队”的传颂很多，还有美国租借法无私援助中国的说法。毫无疑问，国际社会对中国抗日战争的援助，应该肯定和感谢，但超出史实的说法却会让人产生误解。

全国抗战期间，国际上对中国的援助，来自德国、苏联和美国的都有，其情况也很复杂。而它们的援助，都有其国家战略意图。

就美国而言，在 1940 年 9 月日本与德、意签订同盟条约之前，美国虽然在道义上曾有过支持中国的表示，但基本上是在中日之间保持中立，并不断把废钢铁与石油卖给日本，从中日战争中获得商业利益。只是因为日本与德、意同盟危害它的国家战略，特别是 1941 年 7 月日军进一步进驻越南南部，威胁到它在太平洋的战略安全，于是从中立立场转向对中国抗战的支持。

正是在这样的背景下，1941 年 3 月，美国国会通过租借法；8 月，中国空军美国援华志愿航空队（“飞虎队”）组建。其美国战略利益的目标非常明确，如美国总统罗斯福所说：支持和维护中国战场以“拖住日本人”。租借法的援助对象是“对于美国防务至关重要”并且“能给美国人带来好处”的国家。还需要说明的是，中国需要向“飞虎队”的美国队员支付高额佣金，如飞行员月薪 600 美元（当时在美国的工资约是 210 美元），中队长的月薪 750 美元，地勤人员的月薪不低于 250 美元，外加每月 30 美元津贴、差旅费和每年 30 天带薪休假，免费住宿；击毁一架日本飞机奖励 500 美元。租借法是战时军火贸易法，获得美国物资是要付费的（国民政府亦然）。说明这些事实，是想澄清一个问题，所谓美国对中国抗战的“无私”援助是不存在的。我们在感谢国际社会对中国抗战援助的同时，对相关史实必须具体分析，恰如其分地评价。

本文来源：2020 年 9 月 7 日《北京日报》第 15 版

日本出兵苏联的计划缘何多次落空？

陈文秀　刘庭华

从 1932 年起，日本陆军就明确把苏联作为主要敌人，每年都制订进攻苏联远东地区的作战计划。日本关东军要求发动全面侵华战争是为了解除后顾之忧并扩大侵苏的基地。1937 年 6 月 9 日，关东军参谋长东条英机在给陆军省次官、参谋部次长的电报中提议，“从准备对苏联作战的观点来观察目前中国的形势，我们相信：如我武力所许，首先对南京政权加以一击，除去背后的威胁，此为上策”。不料卢沟桥日军的挑衅激起了中国的全面反抗，不但关东军“背后的威胁”没有解除，而且数十万日军被拖住了。日本的石原莞尔曾哀叹“把数个师团派往华北，兵力被拖住，出兵西伯利亚便成了空话”。

1937 年 9 月，日本参谋本部上奏天皇，希望 11 月以前结束中日战争，以便把陷在中国战场上的兵力腾出来对付苏联。但日本所希望的“中国妥协投降”到年底并没有出现，侵华的总兵力增到 16 个师团，占日军总兵力的三分之二。1938 年 5 月，日本陆相板垣征四郎说：“作为陆相，我的根本意图是，鉴于中日事变已使日本陷入全面战争的泥潭，而日本北方的苏联已完成了几个五年计划，国力有了飞跃的增长，在远东的军备大大充实，威胁着日军的背后，因此，我认为日本应排除同中国的一切纠纷，从大处着眼，重建两国邦交。”岂料中国军民坚持抗战使日本的计划落空。由于日本陆军主力陷于中国战场，日军两次北进的尝试均告失败。

在德国入侵苏联之际，日本侵华无力自拔，更无力北进配合德国进攻苏联。苏联无后顾之忧，得以从远东和中亚不断抽调兵力到前线。在莫斯科保卫战中荣立卓越战功的潘菲洛夫步兵师，就是从苏联东部调去的生力军。如果日本能从中国战场腾出百万大军北进苏联，苏联两面受敌，后果不堪设想。

德国入侵苏联前夕，希特勒就在接见日本山下奉文时提出，希望“日本从满洲打进西伯利亚”。苏德战争爆发后，德国外长里宾特洛甫致电德国驻日大使奥托，希望日本参加对苏作战，并提出“以德日在冬天以前会师西伯利亚路线为当然的目标”。日本外相松冈洋右也力主对苏开战，与德国两面夹击苏联。但由于日本深陷中国战场而无法脱身，最终日本军部大本营无奈决定：“帝国政府将继续努力解决中国事变……暂不介入德苏战争”，“只有等待斯大林垮台，或远东苏俄地区混乱，有利于日本进展的时候，才使用武力解决北方”。

当德军兵临莫斯科城下时，希特勒再次企图联合日本打垮苏联，里宾特洛甫又向日本提出“从东西两面夹击苏联，在西伯利亚铁路上握手”。日本法西斯集中侵华日军的主要兵力对共产党领导的敌后抗日根据地实行疯狂的“大扫荡”，企图迅速巩固其“大东亚战争”的后方基地，以实施“北进”计划，尽快与德国法西斯实现战略“握手”。1941 年 12 月初，日本陆军 51 个师中有 35 个师用于侵华战争，占日本陆军总兵力的 69％。正是由于日本陆军的大量主力被中国抗日战争消耗和牵制着，才迫使其再次放弃“北进”与德国合击苏联的计划。

可以想象，倘若日本能够满足德国的要求，从远东地区进攻苏联，那么处于生死存亡关头的苏联必将更加难以应对东西两面的入侵，也必将极大地影响世界反法西斯战争的整个进程。正如苏联元帅崔可夫所说：“在我们最艰苦的战争年代里日本也没有进攻苏联，却把中国淹没在血泊中，稍微尊重客观事实的人都不能不考虑到这一明显而无可争辩的事实。”

本文来源：2015 年 8 月 17 日《北京日报》第 19 版

如何深刻认识日本“大陆政策”背后的侵略思想?

王　屏

日本推行的“大陆政策”不仅是其东亚政策的核心，也是其对外野蛮扩展战略的核心。日本与美英殖民主义者既争夺又勾结的行为给世界带来灾难。

近代日本癫狂的扩张思想

日本图谋向大陆扩张的想法与行动早在近代以前便已存在，16世纪末丰臣秀吉先后两次入侵朝鲜，结果失败而归。19世纪初，佐藤信渊著《宇内混同秘策》，扬言要“征服满洲”，“将中国纳入日本版图”。他还提出向中国大陆扩张的具体计划，成为日本“大陆政策”构想的鼻祖。佐藤信渊誓言，要“使全世界都成为皇国的郡县”，完成“刷新世界的大业”。他规划的扩张步骤是，先取黑龙江后夺吉林城，“征服满洲”后再图全中国。当时中国的工业产值占世界的三分之一。然而，佐藤信渊看似癫狂的领土扩张计划，一百余年后竟变成现实。

1890 年 12 月 6 日，时任日本首相山县有朋在国会上发表《施政方针》，宣称国家独立自卫之道有二：一是守卫主权线，二是保护利益线。以此为标志，日本的“大陆政策”正式形成。明治政府多次发动侵略战争，使其“主权线”扩展到朝鲜，“利益线”延伸到中国大陆。日俄战争结束后，日本在中国东北南部享有“特殊”地位与权益，确立了在中国东北的侵略优势。

日本精心构筑、包装的一系列侵略理论

近代日本人的国际观是在“东洋对西洋、文明对野蛮”的框架内形成的。在按道德划线时日本把自己划归东洋，在按文明划线时日本又把自己划归西洋。日本自视为“东洋内部的小西洋”，视自己为亚洲文明的中心，并负有“促进清韩两国国内改革”的责任感。

近代日本的亚细亚主义在其形成、发展、消亡的过程中，完成了它从“兴亚”到“侵亚”的质变历程。经过甲午战争和日俄战争，日本资本主义制度最终确立。如何利用亚细亚主义理论，在排除欧美影响的同时扩张日本在亚洲的“权益”，并使自己侵略亚洲的行为正当化，是第一次世界大战以后，特别是 20 世纪 30 年代日本政府考虑最多的一个问题。打着“解放亚洲”的旗号，兜售“大东亚共荣圈”构想，与英美争夺亚洲利益成为日本“大陆政策”的终极目标。

1940 年 8 月 1 日，第二次近卫内阁将“大东亚共荣圈”构想作为日本的“基本国策”正式公布，其目的是想趁英、法、荷无暇东顾之机夺取西方殖民主义者在南亚的殖民地，使日本的势力范围从东亚扩展到南亚。日本打出“共存共荣”旗号，企图使掠夺亚洲正当化。1940 年 9 月，日本在入侵法属北越的同时与德国和意大利缔结三国军事同盟，以便继续“南进”抢占殖民地。1942 年 2 月，日本大本营政府联席会议对“大东亚共荣圈”的地理范围作了确切划定，即指“日满支及从东经 90 度到东经 180 度之间的南纬 10 度以北的南北诸地区”。1943 年 11 月“大东亚会议”在东京召开，这是以“大日本帝国”为家长的“家族会议”。出席会议的六国均为日本扶持的傀儡政府。会议所通过的《大东亚共同宣言》共有五条，前四条“共存共荣”“自主独立”“相互尊重”“紧密提携”都是冠冕堂皇之语，最后一条“开放资源，以此为进军世界作贡献”，才是宣言的实质内容。

从字面看，“大东亚共荣圈”应是东亚以及东南亚各国共同繁荣之意，但从日本的所作所为看，它不过是日本精心构筑的“一国特殊利益圈”。在这个利益圈内，亚洲各国只有为日本的繁荣提供资源和方便条件的义务，而没有与其共同分享利益的权利。日本在圈内实行军政统治，开展“皇民化”运动。嘴上说支持亚洲各国的民族独立运动，但每到一处日本都大肆掠夺当地的资源，并将该地的政治、经济与文化纳入自己的势力范围。

“大东亚共荣圈”的实质就是要亚洲各国绝对服从日本，贡献资源，保证日本与西方殖民主义者争霸的需要。日本政府一边打着“解放亚洲”的旗号，一边把攫取亚洲的物质利益放在第一位。这种极端的国家利己主义本身就与亚洲精神、亚洲价值观格格不入。正如一位日本学者所言，“也许有人确实相信自己是为了解放亚洲而战，但不能因此就说这是一场解放战争，而非侵略战争”。

本文来源：2015 年 6 月 1 日《北京日报》第 19 版

为什么说美英对日绥靖政策是引火上身?

王　屏

20 世纪初，日本与英国分别签订了三次《日英同盟条约》，直到 1921 年《四国公约》签订，日本的外交战略都以“结盟”为特征。日英同盟为日本对付俄、美两国以及向中国扩张创造了有利的国际环境。但是，随着日本“南进”战略目标的推进以及独霸中国野心的暴露，美、英与日本之间的冲突加剧。第一次世界大战爆发后，日本借向德国宣战之机侵占山东并攫取德国在中国的各种权益。1915 年 1 月 18 日，日本向袁世凯政府提出所谓的“二十一条”。袁世凯向美国求助，但美国态度暧昧，助长了日本的侵略气焰。经过第一次世界大战，日、美两国大发战争财，并双双上升为“世界五大国”之一。美国经济实力大增，开始以国际视野审视自己的政策选择并企图在中国建立有利于美国的新秩序。美国希望中国“门户开放”，日本想独霸中国，两国的政策目标发生碰撞，利益冲突上升。

俄国十月革命后，英国担心社会主义运动波及英国。当德国进攻苏联时，英国暗自高兴，认为德国帮了欧洲的忙。为使德国成为“防共屏障”，英国首相张伯伦大搞绥靖主义。美、英对打着“反苏防共”旗号成立的“三国轴心”不仅没有防范而且百般纵容。1937年全民族抗战爆发，中国成为世界反法西斯战争的重要战场。但是，美、英等国对德、日两国的侵略扩军却视若无睹，甚至纵容支持，美、英都希望将法西斯祸水引向社会主义苏联。德、日两国充分利用了美、英等国的“反苏防共”心理，以防止“共产主义威胁”为名积极扩张势力范围。

1940年9月27日，《德意日三国同盟条约》签订。尽管如此，在整个20世纪30年代，美国似乎并未感到日本的威胁。美国的对日绥靖政策表现为向日本提供战略物资，扩大对日贸易。美国的军火商为发战争财，支持日本侵华行为。九一八事变后美国总统胡佛曾表示，“应该友好地考虑日本的处境”。而英国首相张伯伦则说，“我的同情完全在日本方面”。中国全民族抗战爆发后，美国的所谓“道义封锁”对日本基本起不到作用。日本所需的重要战略物资如铁砂、铅、锡、锰等几乎完全依靠从英、美、荷进口。1937年，美国向日本出售的飞机价值248.4万美元，1938年为1745.4万美元。1932年，美国对华出口5600万美元，对日出口13500万美元。到了1940年，美国对华出口7800万美元，对日出口则达22700万美元。美国的远东政策宁愿违背自己的“原则”和“理想”，也要怂恿日本与苏联和中国为敌。美国的这种外交政策很快就在日本偷袭珍珠港的炮火硝烟中灰飞烟灭。

1941年4月，由于《日苏中立条约》的缔结，日本解除了来自北方的威胁。于是，日军便在7月开始大胆地进攻法属南越。1941年11月，在美日政治协商失败的情况下，美国发出最后通牒：日本必须返回到九一八事变以前的状态并遵守如下4项原则：领土完整和主权不可侵犯原则；不得干涉他国内政原则；贸易机会均等原则；国际合作与国际调停原则。美国切断了日本进口军需用品的交通线，双方之间的矛盾已无法调解。1941年12月7日，日本海军偷袭珍珠港成功，而陆军于偷袭珍珠港前1个小时在马来半岛登陆，日本迈出了“大东亚共荣圈”建设的重要一步。1942年，日本首相东条英机在国会演说中指出，“大东亚战争的目标就是要使大东亚各国、各民族各得其所，以皇国为中心，确立基于道义的共存共荣新秩序”。然而，这苍白无力的谎言很快就被抗日战争以及世界反法西斯战争的硝烟所淹没，美英搞绥靖政策所带来的沉痛教训成为警示后人的历史教科书。

本文来源：2015年6月1日《北京日报》第19版

如何认识日本谍报机构在侵华战争中的罪行？

唐晓辉

为了适应对外扩张的需要，日本的谍报机构在 19 世纪 80 年代正式起步，并在甲午战争中初显身手，在日俄战争中其力量得到验证和加强。到了 20 世纪三四十年代的第二次世界大战，日本的谍报机构在日本军队历次先发制人或有预谋的军事行动中都发挥了至关重要的作用。

比如始建于 1906 年的满铁，表面上看是铁路公司，而实际上是“开发和经营满洲、推行日本大陆政策的殖民侵略机构”。满铁调查课于 1907 年在大连成立，其下属机关分布在奉天（沈阳）、哈尔滨、天津、上海、南京，直至东京、纽约和巴黎。到九一八事变前后，满铁调查课已经发展成为一个拥有 2000 多名骨干的庞大调查机构。起初，它还只是针对中国东北的历史、地理、资源、物产等进行调查、搜集资料。九一八事变后，为了配合关东军作战，满铁调查课开始搜集军事情报及中国抗日武装的动态等，并直接向关东军守备队、宪兵队或警察署提供，还以此为契机，从一个供给情报的咨询部门变成了配合关东军决策的机关。据统计，满铁调查课在近 40 年的情报活动中，共提出调查报告 6200 份，为研究而积累的书刊、剪报资料 50 多万件，可谓近代殖民史上情报机关和特务系统的集大成者。

在侵华期间，日本的谍报机构在窃取机密情报、监视中方重要人物、镇压和破坏中国的抗日力量、物色并扶植傀儡汉奸及从事各种分裂活动等方面，可谓不遗余力。九一八事变前夕，日本军事间谍中村震太郎、井杉延太郎等人，化装成中国农民，进行军事地理调查，被驻防当地的中国屯垦军关玉衡第三团逮捕、处死。这一事件被日军利用，挑起事端，诉诸武力。不久，九一八事变爆发。被称为“东方的劳伦斯”的特务头子土肥原贤二扶持清废帝溥仪建立伪满洲国；由影佐祯昭任机关长的上海梅机关成功策动汪精卫投敌卖国，而影佐祯昭也因此成为汪伪傀儡政权的最高顾问。由此可见，无孔不入的日本谍报机构在侵华战争中充当了何等重要的角色。

日本于侵华期间在中国建立的细密而庞大的间谍情报网，不仅为其各种罪恶的侵略活动提供了有力的支持和保证，同时成为其侵略战争的一个重要组成部分。

本文来源：2005 年 2 月 28 日《北京日报》第 19 版

侵华日军第一〇〇部队犯下了哪些细菌战罪行?

赵士见

1949 年 12 月，苏联在伯力对山田乙三、高桥隆笃、平樱全作、三友一男等日本侵华细菌战战犯进行审判，并将庭审记录用中、日、英、法、俄五种文字公开出版，由此使世界知晓日本曾于二战期间在中国长春设立一支细菌部队，即关东军军马防疫厂，因使用“满第 100”秘密番号，故被称为侵华日军第一〇〇部队。第一〇〇部队公然违反国际公约，利用动物、植物甚至活人作实验，研制和生产鼻疽、炭疽等烈性致病细菌，更在中国大地上实施细菌战，犯下滔天罪行。

前身机构主动收集和研究强毒菌苗

九一八事变后，关东军设立临时病马收容所，即第一〇〇部队前身机构，负责军马炭疽、鼻疽病的检疫。在检疫过程中，病马收容所有意识地主动收集炭疽、鼻疽菌苗。1932 年 8 月，病马收容所所长安达诚太郎遵照关东军司令部命令，派人至四平、辽阳等地，搜集炭疽菌苗，开展强毒菌苗研究，旨在准备实施细菌战。为了研究和培育强毒菌苗，安达诚太郎增设细菌研究室，派专人从事强毒菌苗研究，为日后第一〇〇部队从事细菌战研究作了初始准备。

遵日本大本营命令自上而下逐步改编为细菌战研究机构

1933 年 2 月，临时病马收容所根据关东军命令，改编为关东军临时病马厂。1936 年 4 月，日本关东军参谋长板垣征四郎向陆军大臣上报《充实在满兵备的建议》，提出临时病马厂“强化”为“细菌战对策研究机关”。同年 8 月 1 日，关东军司令部根据天皇敕令，将临时病马厂正式改编为关东军军马防疫厂；8 月 3 日，关东军司令部向天皇上奏“关东军军马防疫厂改编完成”。自此，关东军军马防疫厂成为奉天皇敕命设立的从事细菌战研究的专门机构。

关东军军马防疫厂建立后，厂址迁至长春孟家屯，设有各类细菌研究室，同时整合细菌学科研精英，设立第一、二、三、四部，其中第一部负责军马血清诊断，第三部负责血清制造，第四部负责细菌器材补给，第二部人员最多、业务最核心，集中了第一〇〇部队、关东军乃至日本细菌研究人才，划分为细菌、病理解剖、临床、化学、植物病理五个科，专门负责各类菌液研究与生产。齐全的实验室和分工细致的细菌研究部门，为军马防疫厂从事细菌战所用菌液研究、实验、试验奠定基础。

准备和实施细菌战

1937年6月22日，日本关东军司令植田谦吉向陆军省上报“军用细菌研究从业者命令”件，得到批准后，在第一〇〇部队内组建了以兽医大佐高岛一雄（曾任第一〇〇部队队长）为首的“军用细菌研究委员会”，专门负责“军用细菌”研究。

随后，第一〇〇部队违反国际公约、违背医学伦理，将炭疽、鼻疽病菌在战俘身上开展人体活体实验。美国国家档案馆公布了关东军开展人体活体实验“A”报告、“G”报告，记载第一〇〇部队开展炭疽、鼻疽菌感染的活体解剖实验情况，实验持续时间约为6个月，实验对象主要是中国、苏联等国的战俘。所有被实验的战俘，经过3天至108天不等的折磨后全部死亡。俄罗斯国立录音档案馆藏伯力审判录音显示，原第一〇〇部队成员三友一男亲口承认曾将混有毒菌的食物给中国战俘食用。三友一男还供述“自己对一名俄国人曾进行解剖实验，解剖地点位于第一〇〇部队的动物解剖场，解剖后的尸体被埋在专门埋牲畜的坑中”。

经实验后，第一〇〇部队联合侵华日军第七三一部队等日军其他细菌部队，配合日本华南方面军、华中方面军在云南、浙江、江西等地实施细菌战。1942年4月，日本大本营为了报复“杜立特空袭东京”，命令关东军派遣第一〇〇部队、第七三一部队，携带细菌弹在浙江衢州、义乌撒布细菌，给当地民众带来巨大伤害。至今浙江省内依然有被炭疽细菌武器感染的受害者，甚至出现“烂脚村”，贻害之烈由此可见。

太平洋战争后期，日本为了扭转败局，命令第一〇〇部队加快细菌武器量产与细菌战实战步伐。原关东军兽医部长高桥隆笃在伯力审判中供述“1943 年 12 月后，他根据关东军司令官梅津美治郎批准的‘细菌分部’计划，命令第一〇〇部队增设第二部第六科，负责大批生产细菌武器”。此时，第一〇〇部队计划生产炭疽菌 1000 公斤、鼻疽菌 500 公斤。1944 年 3 月，第一〇〇部队已生产 200 公斤炭疽菌、100 公斤鼻疽菌。1945 年 3 月，第一〇〇部队队长若松有次郎命令平樱全作率队在中苏边境准备实施细菌战，要求提前购买 500 只羊，马和牛若干，在日苏战争发生后，立即用“飞机喷洒”方式将先购买的牲口感染病菌，然后传染至当地家畜，进而传染给中苏军队。

侵华日军第一〇〇部队实施细菌战，是违反国际公约，自上而下有组织、有预谋地实施的战争犯罪，给中国人民带来深重灾难。遗憾的是，第一〇〇部队在战败前夕，烧毁文件、破坏细菌研究设施，大部分队员提前撤退，返回日本，逃脱了正义的审判。

本文来源：2020 年 8 月 17 日《北京日报》第 15 版

中国抗战胜利是“熬”出来的吗？

王建朗　陈文秀

第二次世界大战期间，日本强，中国弱，中国的损失远远大于日本。有一种论调认为，中国抗战的胜利是“熬”出来的，是等待美苏参战打败敌手的。但其实，持久抗战决不是消极的“等”或“熬”。战争是残酷和无情的。经历了德意日轴心国的凶猛打击后，许多国家（包括一些往昔的强国）沦陷于法西斯铁蹄之下。在东西方战场上继续高举抵抗旗帜，与轴心国作殊死较量的军队主要有 4 支，这就是中国、美国、苏联和英国。四国承载着人类和平与文明的全部期望，其成败决定着此后世界的走向。这 4 个国家以其抵抗力量的强大和抵抗意志的坚决，被时人称为“四强”。四强之中，中国是遭受侵略最早的国家，也是抵抗侵略时间最长的国家。其他盟国卷入战争的年限最长不到 6 年，短则不足 4 年，而中国抗战则长达 14 年之久。

1937 年 7 月，日本悍然发动全面侵华战争。中国的反侵略战争既是在为保卫自己的家园而战，实际上也是在为维护世界和平与安全而战。抗日战争的坚持，极大地消耗了日军力量，在一定程度上束缚了日军在亚洲侵略扩张的手脚。在东方战场，中国全民族奋勇抗战，打破了侵略者速战速决的迷梦，使大量日本侵略军在中国战场愈陷愈深，既无力北进，也拖延了南进。直到 1941 年底以前，亚洲太平洋地区的战火仍局限于中国一隅。

同一时期，在西方战场，德、意法西斯的侵略活动，却是一帆风顺，没有遇到多少阻碍。这是因为在法西斯侵略者面前，英、法等国采取绥靖政策，一些弱小的被侵略国家，有的单纯依靠大国的保障而不去发动民众，有的过于弱小或落后而未能抵抗侵略，或不能给侵略者以重大的打击，致使希特勒等侵略分子的胆子越来越大，侵略步伐越来越快。

当西方法西斯鲸吞蚕食、气焰十分嚣张之际，英、法、美、苏纷纷退避；当希特勒大有席卷一切的气势之时，唯有被视为弱国的中国，不畏强暴，不惜付出最大的民族牺牲，力挽狂澜，与日本法西斯展开了殊死搏斗，延缓了日本法西斯南下的侵略步伐，减轻了法西斯势力在东方对美、英、法的压力，有力地支援了世界各国的反法西斯斗争。1942 年春，美国总统罗斯福说："假如没有中国，你想一想有多少师团的日本兵可以因此调到其他方面来作战？他们可以毫不费力地把这些地方打下来，他们并且可以一直冲向中东……"中国成为当时全世界有效抗击法西斯侵略的东方主战场，其作用是不可估量的。

中国的抗日战争已成为世界反法西斯战争不可或缺的亚洲主战场，中国人民在抵抗法西斯战争中发挥了无可替代的重要作用。苏联领导人斯大林说，只有当日本侵略者的手脚被捆住时，他们才能在德国侵略者进攻苏联的时候避免两线作战。英国首相丘吉尔也说，如果日本进军西印度洋，必然会导致英国在中东的全部阵地崩溃。而能够避免上述局势出现的只有中国。这是历史对中国抗战伟大功绩的肯定与嘉许，也是未来世界对第二次世界大战胜利成果和国际公平正义新的维护者的期待。

中国的抗日战争，不单是为了保卫中华民族的生存、谋求中华民族的解放而进行的战争，更有着打乱日军乃至整个世界法西斯轴心国战略部署与战略配合，促进世界反法西斯同盟战略实现的重要意义。正是中国人民的长期抗战，粉碎了日本法西斯先突破中间（中国）、后打两头（苏联和太平洋、东南亚等地）的军事战略部署。中国的抗日战争，是世界反法西斯战争中爆发最早、结束最晚的生死之战，中国战场是世界反法西斯战争中的一个重要战场。英勇不屈的中国人民坚持长期抗战，对世界反法西斯战争作出了伟大的贡献，起到了极其重要的作用。

本文来源：2015 年 8 月 17 日《北京日报》第 19 版

中国在世界反法西斯战争中发挥了哪些“关键作用”？

阮家新

由于各种原因，中国抗战在世界反法西斯战争中的地位没有得到充分的认知。某些西方国家有意无意地忽视或贬低中国抗战在世界反法西斯战争中的积极作用和巨大贡献，把中国看作一个小角色，这是对中国极大的不公平、不公正。英国牛津大学中国研究中心主任拉纳·米特教授的著作《中国，被遗忘的盟友》，对中国抗战作了较为客观、翔实、肯定的论述，认为欧美各国应该尊重中国这个战时盟友的贡献，还中国一个历史的公道。

有一种看法认为，中国的力量很弱，不是给日本以最后的致命一击的国家，因而中国对战胜日本法西斯的作用微不足道。这是我们不能同意的。由于第二次世界大战结束后很快就出现了以美苏对抗为特征的冷战局面，又由于中国内部在战后的政治变革和美英等国对中国的长期封锁，中国同西方国家间存在长期隔阂。政治上和意识形态上的分歧，也渗透到对第二次世界大战史的研究中来，西方政治家和学者在谈到日本的最终失败和无条件投降时，往往只强调美国的作用，而对中国在世界反法西斯战争中的重大贡献，或有意贬低，或轻描淡写，或闭口不谈，好像他们已经遗忘了中国这个昔日盟友的存在。这是对历史的不尊重和不负责。

众所周知，中国是在极端困难的情况下进行抗战的。中国没有美国那样强大的生产能力、科技能力和军事实力，没有原子弹，不可能很快转入战略反攻和战略进攻，不能很快给日本以致命一击，这一点无可讳言。中国的贡献主要表现为持久、坚韧和持续地消耗及削弱日本，把日本拖得筋疲力尽。试问：谁能像中国那样扛住日本的野蛮进攻，一扛就是 14 年？谁能像中国那样拖住日本，一拖就是几十个师团？（日军进攻马来半岛和新加坡，用了 3 个师团，约 10 万英军只扛了 2 个月，就全军覆没，向日军投降）而且，中国战场上许多大的会战（如淞沪、徐州、武汉、豫湘桂等），日军投入兵力都超过 20 万人，远大于日军在攻占东南亚各国和太平洋各岛屿时的作战规模；日军在中国战场的伤亡总数，与在太平洋战场的伤亡总数也不相上下。当然，那时的中国还算不上强国，还受到其他强国的歧视，但列为世界反法西斯战争四大国之一，是当之无愧的。中国容易被盟友遗忘，很可能是因为当时中国国家实力弱小，而不是中国对抗击法西斯的贡献弱小。

在战争中，盟国之间的援助是相互的。没有盟国的援助，没有盟国对日本的强力打击，中国的抗战还要持续多年，这一点我们也有清醒的估计，所以我们总是不忘盟国的援助。但中国抗战同样援助了盟国，中国抗战的持久和最后胜利，主要还是依靠我们自己的苦撑苦斗，而决不是别人单方面的赐予。

拉纳·米特在《中国，被遗忘的盟友》一书中，没有采用中国学者常用的“东方主战场”一词，而用了“关键作用”一词。书中是这样说的：现在“是时候全面、完整地重新诠释这场旷日持久的中日战争以及中国在‘二战’中所发挥的关键作用了”。“中国在20世纪三四十年代参与那场艰苦卓绝的战争，不仅仅是为了国家尊严和生存，还为了所有同盟国的胜利。正是在那场战争中，东西方一起抗击了有史以来最黑暗的邪恶力量。”中国的“关键作用”体现在哪里？米特提醒，中国人的全民族抗战爆发于1937年，中国是最早抗击轴心国侵略的国家。这段中国历史，不仅是被遗忘的同盟国的历史，也是同盟国中受战争影响最大的国家的血泪史。这才是对中国抗战中肯而公道的评价。

本文来源：2015年7月6日《北京日报》第16版

中国抗战为世界反法西斯战争胜利作出了哪些贡献？

阮家新

中国抗战对世界反法西斯战争的贡献体现在哪里呢？至少有以下几方面。

第一，中国是最早举起反法西斯战争大旗的国家，是世界反法西斯战争的先锋。众所周知，日本是第二次世界大战的东方策源地，其标志性事件就是侵占中国东北的九一八事变。正是从九一八事变开始，日本一步一步扩大对华侵略战争，和德、意结成法西斯轴心，把侵华战争扩大为太平洋战争，把第二次世界大战推向了顶点。从九一八事变算起，中国抗战比欧洲大战早 8 年，比太平洋战争早 10 年。而且，这期间都是中国孤军奋战，西方各国大都持观望态度，甚至还以“东方慕尼黑”的交易来损害中国。正因为中国是孤军奋战，所以在西方大国眼里，这只是中日间的冲突，与他们无关，与世界大战无关。实际上，这就是第二次世界大战的源头，就是世界反法西斯战争的开始。

第二，中国抗战极大地打击、消耗、削弱和牵制了日本，减轻了美、英及其他盟国的压力。在太平洋战争爆发前，中国单独对日作战10年，虽然丢失大片国土，但也给了日本以极大的消耗和削弱，使它感到力不从心、深陷泥潭，打乱了它的计划，挫折了它的野心。日本发动太平洋战争，实际上是在中国问题久拖不决，国力、军力、资源都严重不足的情况下的孤注一掷，其中也包含着在更大的冒险中寻求解决中国问题的企图。在太平洋战争爆发后，中国战场仍然抗击着日本陆军三四十个师团和部分海军，相当于甚至多于日本投向太平洋和东南亚的陆军兵力。试想：如果没有中国对日本的长期消耗、削弱于前，又没有中国对日本的有力牵制于后，日本能把多一倍以上的兵力用于对美作战，太平洋战争会如何演绎？如果没有中国的抗击和牵制，日本很可能打到印度，并和德国在中东会师，第二次世界大战将如何演绎？至少美、英等国将遭受更大的伤亡和损失，对德、对日反攻也将更加困难；大战会延长到何时，也未可知。中国抗战对盟国的支援作用，不言自明。

第三，1942年初，中国在自身极度困难的情况下，应盟国之请，派遣十万远征军到缅甸作战，在英印军纷纷溃败的危急时刻，充当了缅甸保卫战的主力军，掩护英军撤退，解救被围英军。1943年秋至1945年初，中国远征军又与盟军协同作战，由印度东北边境向缅北反攻，歼灭日军两个师团，自己也付出重大伤亡。中国出兵缅甸，用“惨胜”换来了在本土抗日战场上豫湘桂战役的“惨败”，显示了中国在世界反法西斯战争中的大国责任和担当。

第四，从1931年至1945年，中国抗击日本法西斯侵略14年之久，伤亡 3500 万人，无论在时间上，还是伤亡人数上，在各同盟国中都堪称之最，这既是中国人民为捍卫国家领土主权而付出的代价，也是为争取世界反法西斯战争胜利而作出的民族牺牲，理应受到一切有正义感的人们的尊重。

正因为中国对世界反法西斯战争作出的巨大贡献得到大多数国家的认同，所以中国成为联合国创始成员国。因此，有意无意地忽视或贬低中国抗战在世界反法西斯战争中的积极作用和巨大贡献，把中国看作一个“小角色”，是对中国极大的不公平、不公正。二战结束以来，中国在国际事务中发挥的积极作用和建设作用，证明中国是维护世界和平、维护正常国际秩序的坚定力量。

本文来源：2015 年 7 月 6 日《北京日报》第 16 版

中国人民为抗战胜利付出了哪些牺牲？

张海鹏

在那场正义和邪恶、光明和黑暗、进步和反动的大决战中，在长达 14 年的抗战特别是 8 年的全民族抗战中，中华民族遭受了惨重的牺牲，受到了巨大的打击。其间，有人丧失了信心，有人屈膝了，有人投降了，有人助纣为虐了。但是，中华民族的主体没有被敌人的屠杀所吓倒，没有屈膝，没有投降，而是在极其艰难困苦的条件下坚持抵抗，坚持正义战争，坚持阵地战与游击战的战略配合，坚持以弱胜强、以少胜多，用持久战的理论指导战争的进展，以中国共产党及其领导的武装力量为中流砥柱，终于经过苦战取得抗日战争的完全胜利。那几年是何等艰苦卓绝，中华民族在浴血奋战中浴火重生，需要用鸿篇巨制的史书来详加记载。

中国抗战在世界反法西斯战争中作为东方主战场，作出了历史性贡献。在整个世界反法西斯战争中，苏、美、英等国际力量给中国抗战巨大支持，中国战场的持久作战也给了国际反法西斯力量巨大的支持。从卢沟桥事变到 1937 年底，日本向中国战场（包括东北）投入了 21 个师团，在朝鲜和日本国内只有 3 个师团，88％的兵力都在中国。以 1938 年为例，日本陆军总兵力有 34 个师团，分布在中国的有 32 个，占其总兵力的 94％。再以 1941 年 12 月为例，日本陆军总兵力有 51 个师团，分驻于中国的有 35 个，占其总兵力的 69％；分布在太平洋战场的有 10 个，只占其总兵力的 20％。1942 年太平洋战场开辟以后，日本投入太平洋战场的军力也不过占其总兵力的 26％，64％的兵力在中国。1943 年，日本在中国战场仍部署了 28 个师团，其中有 8 个甲种师团、5 个乙种师团和 15 个丙种师团。1944 年，日本在华发动“一号作战”，企图打通豫湘桂，进入南亚，然后通过中东，实现与德国法西斯军队的会合。此役中国军队虽然战绩不佳，但是拖住了日军，使它不能进入南亚，使日军发动“一号作战”的战略意图未能得逞。太平洋战争开始后，中国战场始终抗击、牵制 100 万左右日本陆军主力。1945 年 8 月，日本在华投降兵力达 128 万余人。

中国人民以巨大的牺牲和百折不挠的抗战精神，支持了苏联的对德战争，使它有一个稳定的后方；支持了美国、英国的太平洋战场，大大减少了日军对它们的压力；粉碎了日、德法西斯打通欧亚的企图，使日、德法西斯不能在更大范围内给人类带来苦难。中国抗战的胜利及其对世界和平力量所作的贡献，使它开始摆脱弱国的处境，并有资格作为一个世界大国出现在世界的面前。战时同盟国的领袖肯定过中国战场的巨大作用。美国总统罗斯福就曾指出：“我们不能忘记，中国人民最先起来抵抗侵略者并与之浴血奋战。在未来的岁月中，不可战胜的中国人民将在维护东亚与世界和平繁荣中起到应有的作用。”

本文来源：2015 年 9 月 14 日《北京日报》第 17 版

第四部分

继往开来

为什么说抗日战争使中华民族的觉醒达到了前所未有的高度？

金一南

中华民族百年沉沦，历尽苦难。拿破仑说：中国是一头沉睡的狮子，它醒来世界会为之震颤。拿破仑的意思是：这头狮子最好不要醒来。事实上这头狮子也一直在沉睡，长期沉睡。

1840 年第一次鸦片战争前后，林则徐、魏源企图唤醒这头狮子。林则徐交代魏源写《海国图志》，已经萌生要将中国改造为一个现代国家的思想，但在中国没有引起反响。第一次鸦片战争后，《海国图志》传到日本，引起了强烈震动，成为日本明治维新的重要推手。魏源在日本的知名度，远远超过中国。

惊醒这头睡狮，还需要更惨痛的失败。

这一失败来了：1894 年甲午战争，北洋水师灰飞烟灭。传统印象中的“蕞尔小邦”日本也能强令中国签订《马关条约》，获得空前的割地和赔款。梁启超说：唤起吾国四千年之大梦，实自甲午一役始也。

睡狮开始觉醒。觉醒进程仍然是一个数十年的历史过程。1895年，康有为的“公车上书”，标志着中国官僚士大夫阶层的觉醒。这个阶层的一些人已经开始认识到整个国家出了问题，必须加以解决。

1919年爆发的五四运动，则是中国知识分子的觉醒。以传统“世外桃源”为乐趣的这个阶层，通过“内惩国贼，外争国权”，全面参与到国家政治历史的进程之中。

伟大的中国人民抗日战争，使中华民族的觉醒和团结达到了前所未有的高度。日本侵略者占中国的地，杀中国的人，屠中国的城，对准整个中华民族而来，使这个民族第一次没有阶级之分、没有地域之隔、没有统治与被统治之嫌，“地无分南北，年无分老幼，无论何人，皆有守土抗战之责任，皆应抱定牺牲一切之决心”。

没有最惨痛的沉沦，就没有最辉煌的崛起。代价是极其巨大的。14年抗战，全国军民死伤3500万人，有形财产损失6000多亿美元，无形财产损失不计其数。在这一饱受苦难的进程中，民众觉悟程度和组织程度的进步，达到了前所未有的历史高度。

1937年全民族抗战开始后，国民党中央宣传部长周佛海说了一句话：“中国人的要素，物的要素，组织的要素，没有一种能和日本比拟，战必败。”这个问题已经由艰苦卓绝的抗战胜利作出了回答。

1938年抗战最艰苦阶段，史学家蒋廷黻在其著作《中国近代史》中发出另一个设问：“近百年的中华民族根本只有一个问题，那就是：中国人能近代化吗？能赶上西洋人吗？能利用科学和机械吗？能废除我们家族和家乡观念而组织一个近代的民族国家吗？能的话，我们民族的前途是光明的；不能的话，我们这个民族是没有前途的。”

回答这个问题，只有留给中国共产党人了。为了民族的生存、发展、繁荣、昌盛并自立于世界民族之林，中国必须在封建半封建、殖民地半殖民地的社会肌体上，构建自己的新型民族国家。1912 年成立的中华民国，是这一艰难探索的起始。但实践证明，它不稳定、不持续、不繁荣，最终既无法完成救亡，也无法完成复兴。中国迫切需要一个能够稳定、持续、繁荣、完成民族救亡与民族复兴双重历史使命的政权和国家体制。

1949 年诞生的中华人民共和国，是中国共产党人通过牺牲奋斗，为苦难深重的中华民族献上的一份大礼。中国人民被前所未有地动员起来、组织起来，开创了中国历史上第一个持续、稳定、繁荣、昌盛，能够完成救亡与复兴双重使命的现代民族国家。

本文来源：2015 年 7 月 20 日《北京日报》第 17 版

怎么理解抗日战争
在中国现代民族国家建构中的作用？

马 勇

九一八事变改变了中国历史走向，刚刚统一不久的中国重新陷入分裂。而且，这一次分裂不再单纯源自中国社会内部势力冲突，而是严复所说的广袤的边地连同它的人民，“归附附近的某一个强国”。中国不可能继续按照蒋介石给出的路径按部就班建设自己的国家。

九一八事变改变了中国历史走向，抗日救亡成为中国政治的主旋律

九一八事变后，中共满洲省委迅即召集紧急会议，决定动员全体党员深入民间发动群众，组织反帝大同盟，反对日本帝国主义占领满洲。1931 年 9 月 20 日，处于国民党军队“围剿”状态的中共中央就“日本帝国主义强暴占领东三省事件”发表宣言，谴责蒋介

石的不抵抗政策，号召人民拿起武器，以民族自卫战争将日本侵略者驱逐出中国。从此开始，抗日救亡逐渐成为中国政治的主旋律。

从那时中国政府的立场看，九一八事变确属重大危机，但中国是否由此与日本全面对抗，还是一个值得讨论的问题。不过正如那时许多知识精英所意识到的，日本帝国主义决不会容许中国从容地建设一个新国家。

中方委曲求全并没有换来和平，反而助长了日本帝国主义侵略气焰。日本操控的“满洲国”宣布其领土并不局限于东北，而是包括热河省。此后，长城内外就成了日军蚕食的对象，成为中日争夺的战场。

1933 年 1 月 3 日，日本关东军攻占山海关，预示着日本将进一步扩大对中国的侵略。第二天，中国政府向日本提出严正抗议，但日本根本不予理睬，反而加紧进攻热河的准备。2 月，板垣征四郎奉命赶到天津设立特务机关，密谋收罗张敬尧等成立华北伪政权。几天后，日本驻华公使有吉明借口热河省内中国军队危及“满洲国”的存在，要求中国军队立即退出热河全省。不待中方回应，日军于当天向热河发起进攻。中国军队不战自溃，热河省主席汤玉麟弃城逃跑，使日军仅以 123 人先头部队没费一枪一弹，如入无人之境，轻易占领了热河省会承德。前后仅仅十天，热河全省失陷。

热河失陷，日本关东军向长城以内迅速推进，中国面临九一八事变以来最严重的危机，先前力主沉着应对的知识精英终于坐不住了，认为再不抵抗，亡国就在眼前。胡适 1933 年 3 月 2 日的一则日记，大致可以反映北平知识界的一般看法："国家大事在这种人手里，那得不亡国？"

在共产国际、中共介入后，西安事变和平解决，兄弟阋于墙外御其侮

热河沦陷，举国一致谴责蒋介石、张学良以及南京国民政府。3 月 7 日，监察院高一涵等 6 名委员，弹劾失职者张学良、汤玉麟，要求军法严惩。为平息众怒，也为了替蒋介石担责，张学良引咎辞职。

接替张学良暂代军事委员会北平军分会委员长的是何应钦。何应钦按照蒋介石的指示，"一面抵抗，一面交涉"。抵抗是为了给国人一个交代，以扭转胡适日记中所说的那种倾向，让人民留存一丝希望；交涉是因为中国的力量确实不足以抵抗，双方实力悬殊。

3 月 13 日，胡适、丁文江、翁文灏等华北学术界领袖至保定谒见蒋介石。丁文江熟悉地理，深知热河失陷后，北平即已无险可守。而北平是一座历史悠久的文化古都，其意义非同小可，决不能让日本侵略者的炮火摧毁这笔人类文明财富。

学术界的意见引起了蒋介石的重视。事实上，蒋介石此时也没有与日本对决的信心。有了学术界的意见，蒋介石更愿意以和平手段化解危机，暂时保全平津。4 月 9 日，蒋介石致电黄郛，稍后任命他出任行政院驻北平政务整理委员会委员长，指示他把握时机争取与日本达成谅解，维持暂时的和平。

和平不易获得，战争继续进行下去更困难。4 月 19 日，正在北平指挥作战的军政部长何应钦，在华北集团军第一军团总指挥于学忠陪同下，与胡适、蒋梦麟、丁文江等学术领袖座谈，郑重讨论怎样才能结束战争，重建和平。鉴于当时的情况，学术界代表希望与日本达成停战协议以换取必要的准备时间。他们建议由蒋梦麟以私人身份访问英国公使蓝浦生，询问英国能否居间调停。他们提出的条件是：调停只限于停止双方的敌对形势，不涉及东三省或其他问题，并且只作口头而非文字上的协议。

蒋梦麟与蓝浦生的交涉并没有结果，但 5 月 31 日，中日双方达成《塘沽停战协定》。根据这个协定，中国军队继续后撤，实际上承认了“满洲国”，承认长城是中国的北部边界。

就中国全局而言，《塘沽停战协定》是一个屈辱协定。这个协定让绥东、察北、冀东成为日军自由行动区，为日军进一步控制华北提供了便利。但其一方面激发了国内民族主义情绪，为两年后一二·九运动、三年后西安事变、四年后卢沟桥事变积蓄了动能；另一方面为切实进行战争准备发布了一个实际上的动员令。此后的中国，大致进入一个“准战争状态”，读蒋梦麟《西潮》很容易感觉那时在华北地区继续坚守的知识人，通过长城抗战，都比较清楚中日决战不会很远了。

1935 年 11 月 19 日，蒋介石有一个政策宣示，强调和平没有到绝望时期，决不放弃和平；牺牲未到最后关头，亦不轻言牺牲。“和平有和平之限度，牺牲有牺牲之决心，以抱定最后牺牲之决心，而为和平最大之努力，期达奠定国家、复兴民族之目的。”显然，朝野各方对日渐趋强硬，中日全面冲突，以战争决胜负只是一个时间问题，只等待一个契机。

20 天后，在北平爆发了蒋梦麟所说的七七事变前 7 年唯一一次大规模学生运动。这个后来被命名为一二・九运动的政治事件，极大促动了中国人的觉醒，中国社会各界放弃幻想、准备战争的情绪渐趋上风。也正是在这样的背景下，撤回关内五六年的东北军不堪继续忍受“不抵抗”而丢失东北的历史指责，他们宁愿血染沙场，也不愿继续中国人打中国人的悲剧。1936 年 12 月 12 日，张学良、杨虎城在西安发动“兵谏”，扣押亲临前线督战“剿共”的蒋介石，以“兵谏”的方式要求蒋介石放弃内战，领导抗日。

在共产国际、中共介入后，西安事变和平解决，蒋介石成为中国政治的新希望，包括中共在内的中国社会各阶级普遍拥戴蒋介石为抗日最高领袖。这是一个历史性巨变，表明中国人已走出内战，兄弟阋于墙外御其侮，中华民族全面抵抗只等待一个命令。

全民族抗战爆发激发了中国人的家国情怀，中国军队用行动粉碎了日本迅速战胜中国的幻想

半年后，卢沟桥事变发生。二十九军将士奋起抵抗。1937 年 7 月 17 日，蒋介石在庐山发表谈话，表示中国希望和平，而不求苟安；准备应战，而决不求战。蒋介石郑重宣布：在和平根本绝望之前一

秒钟，中国依然希望和平。但“如果战端一开，那就是地无分南北，年无分老幼，无论何人，皆有守土抗战之责任”。蒋介石庐山谈话，确定了准备抗战的国家战略，迅速赢得中共，以及云贵川等地方实力派支持，中日全面战争一触即发。

其实，据后来研究，蒋介石庐山谈话以强硬姿态所要达到的目标并不是战争，而是和平。但这个谈话并没有被日本政府准确解读，日本不仅没有和平解决卢沟桥事变的诚意，反而持续向平津增兵。7月26日，华北驻屯军向中国守军宋哲元第二十九军发出最后通牒，要求其全部撤出平津地区。宋哲元严词拒绝，并向全国发出自卫通电。日本政府也不示弱，增调二十万军队至平津。28日，日军按计划向北平发动总攻。29日，北平沦陷。30日，天津失守。此后一年，从北到南，从东到西，中国军队在正面战场进行顽强抵抗，用行动粉碎了日本迅速战胜中国的幻想。日本不仅没有力量迅速征服中国，相反，全民族抗战爆发激发了中国人的家国情怀。

抗日战争既是中华民族全体一致抵抗，也是中国现代民族国家建构中的重要一环

全民族抗战爆发前，中国已被各种分离主义势力弄得四分五裂，卢沟桥事变发生后，分离主义运动依然没有停止。顾颉刚在《中华民族是一个》中说，“日本人在暹罗宣传桂、滇为掸族故居，而鼓动其收复失地。某国人又在缅甸拉拢国界内之土司，近更收纳华工，志不在小。在这种情形下，我们决不能滥用‘民族’二字以召分裂

之祸”。近代以来美好的政治名词“民族”，竟然一变而成为分裂主义的借口。

“中华民族是一个”，是中国历史的事实，也应该是中国政治的现实。全民族抗战爆发后，中国历史学家、思想家竭尽全力论证满洲自古以来属于中国，论证中华民族自古以来就是一个包容性超强的民族，是一个整体，而不是多民族搭起来的积木。著名思想家熊十力在颠沛流离之际撰写《中国历史讲话》，倡言五族同源，以为“中华民族，由汉满蒙回藏五族构成之。故分言之，则有五族；统称之，则唯华族而已。如一家昆季，分言之，则有伯仲；统称之，则是一家骨肉也”。五族同源，五族一家，五族就是一个大家庭。分言之，中华民族有五大族群；合言之，五族就是中华民族的内涵。这是抗战时期中国思想界的一大贡献，也是民族危机空前时刻所寻找到的重要思想资源。由此，中国人方才有理由坚信：“日本人决不能亡我国家，亡我民族，亡我文化。”历史依据的充实，是一个民族不会被轻易打败的根底。

“中华民族是一个”的讨论，引起进步知识界的积极回应，继傅斯年、顾颉刚之后，白寿彝、杨向奎、翦伯赞、吴文藻、费孝通等历史学家、社会学家都有相关文章发表，他们的讨论是对近代中国极端民族主义情绪的反拨，是对中华文明传统的复归。至抗战胜利，中国人的民族意识有了很大提升，抗战前、抗战中以“民族自决”为幌子的分离主义运动渐趋结束，“中华民族”的概念至此终于成为中国人不言而喻的族群认同。抗日战争既是中华民族全体一致的抵抗，也是中国现代民族国家建构中的重要一环。

一个全新的具有现代民族意识的国家，经抗日战争一役得以确立，中华民族不仅没有被打败，反而经此刺激凤凰涅槃，浴火重生。

本文来源：2015 年 7 月 13 日《北京日报》第 19 版

抗战期间中国社会孕育出哪些现代化因素？

金以林

抗日战争对近代中国经济、社会、文化发展影响深远。中华民族在战争中作出的牺牲、付出的代价是极其巨大的。然而，人类历史上每一次巨大的灾难，常常都是以历史的巨大进步作为补偿的。一方面，日本发动侵华战争的残酷破坏和疯狂掠夺，使中国遭到空前的创伤，损失惨重，阻断了中国的现代化进程；另一方面，中华民族在极端艰难困苦之中，顽强不屈，玉汝于成，以惊人的代价、惨烈的牺牲，最终赢得了抗日战争的胜利。同时，在争取民族独立的进程中，中国社会也孕育和积累了现代化的新因素。这些新因素包括人口、工厂和文化教育机构内迁带来的新变化和新动力。

全民族抗战爆发后，民族工业的大迁移对国民经济由平时向战时转移、支持抗日战争发挥了重要作用

经济发展不平衡，是近代中国社会的一个主要特点。战前中国的经济重心，主要集中在东南沿海沿江，特别是以上海为中心的江浙地区。而在广阔的西南、西北地区，现代化工矿企业和工业门类，几乎处于空白状态。全民族抗战爆发后，东南沿海地区的大批企业毁于炮火或被侵略者劫夺。为了保存中国赖以坚持抗战的有生力量，民族工商业者、工程技术人员和广大工人，冒着敌人的炮火，不畏艰辛，内迁大后方。国民政府也积极协助工矿企业内迁。这次民族工业的大迁移，不仅对国民经济由平时向战时转移、支持抗日战争发挥了重要作用，而且对改变中国工业布局的严重不合理状况产生了深远影响。

全民族抗战初期的民族工业内迁，是中国抗战战略防御阶段的一项重大工程。据统计，整个内迁工厂达 600 余家。这些工厂基本上都是现代化程度较高的大中型企业，机器设备精良，技术比较先进，特别是大量技术工人的内迁，为内地工业发展输入了新鲜血液，有力推动了大后方经济发展。据国民政府统计，1937 年四川、云南、贵州、陕西、甘肃、湖南、广西七省工厂之和仅占全国总数的 6.03％，资本总额仅占全国的 4.04％。1943 年，大后方的工厂数已达 4524 家，与战前相比，工厂数增加了 18 倍，工人数增加了 82 倍，资本总额增加了 164 倍。

1938 年 4 月，国民党临时全国代表大会通过的《抗战建国纲领》

明确规定："经济建设应以军事为中心，同时注意改善人民生活。本此目的，以实行计划经济，奖励海内外人民投资，扩大战时生产。"这一经济纲领，成为战时中国政府调整和制定经济政策的基本依据。它有力促进了大后方经济的恢复和发展，使得重工业比重不断提高，水陆交通建设得到开拓，农业技术推广日渐深入。同时，它也为国民党官僚资本的垄断提供了合法的依据。

在敌人炮火威胁下的高等院校辗转内迁大后方，保存了中华民族教育文化之国脉

虽然，这种发展变化不是出自中国经济现代化的内在必然结果，但是，相对于被打断的现代化进程，这些发展和变化的确是新的现代化因素的积累。伴随着民族工业大规模内迁，许多著名高等学府也大举迁入内地。近代中国的大学布局同工业布局一样十分不合理。无论是公立、私立还是教会主办的大学，绝大多数集中在东南沿海和平津等几个主要城市。据统计，战前全国共有高等学府108所，仅北平、天津、上海三市就占了46所，在校学生约占全国在校生总数的三分之二。中国易受敌人攻击之区，多为教育文化中心。

为了保存中华民族教育文化之国脉，在敌人炮火威胁下的高等院校纷纷辗转内迁大后方，在异常艰辛的条件下继续办学。在整个抗战期间，大学的内迁几乎从未间断过。

平津沦陷后，国民政府教育部采取紧急措施，命令平津两地6所大学分别迁往长沙和西安。迁往长沙的是清华大学、北京大学、

南开大学，三校组成长沙临时大学，于1937年10月正式开学，到校学生1400多人，到校教师150多人。1938年，长沙临时大学又奉教育部之命，迁往云南昆明，更名为国立西南联合大学，教授阵营可称极一时之选。

迁往西安的是北平大学、北平师范大学、北洋工学院，三校组成西安临时大学，后改称为国立西北联合大学。1938年7月，教育部又令西北联合大学的各个学院独立，分为西北医学院、西北农学院、西北师范学院、西北工学院和西北大学。随后，东南沿海地区等许多高等学校也陆续内迁。“战时内迁的高校，主要分布在四川、云南、陕西、贵州四省。其中四川最多，仅重庆一地就集中了二十五所。”“贵州原来连一所大学也没有，此时则云集了众多著名学府。”这些内迁院校，在教学和研究方面都作出许多成绩，并且对推动西南、西北的经济文化建设发挥了重要作用。

战时，不少家住沦陷区的广大爱国青年背井离乡，来到大后方求学。为了保证他们能够顺利完成学业，国民政府在后方陆续开办了不少国立高中。同时，对于来自沦陷区的大专及中学学生，政府大都给以贷金，后改为公费。战前，学生读书“年须数百元，非富有之家，无力送子弟入学，以至高等教育过于贵族化，不合平民主义的原则”。那时，贫苦家庭的子女即使能考入大学，也付不起昂贵的学费。战时的贷金制度，不仅保证了来自沦陷区的青年学子继续求学，而且将近代以来高等教育贵族化倾向打破，一些家境清贫的学生，可以通过自己的努力，依靠政府的贷金和公费制度，享受高等教育。战时“专科以上学校学生获得此种贷金或公费者，每年常在五万人至七万人左右”，约占当时在校生总数的80%。

抗日战争刺激了中华民族的觉醒

1938年，全国各地还出现了成千上万青年知识分子奔赴延安的热潮，其中包括不少平津和东南沿海的大学生。“抗战后到延安的知识分子总共4万余人，就文化程度而言，初中以上71%（其中高中以上19%，高中21%，初中31%），初中以下的约30%。”为了躲避战火，还有更多不愿做亡国奴的社会各阶层民众，纷纷从战地和沦陷区向大后方迁徙。据社会学者估计，绝大多数知识分子进行了内迁。这一群体因为受过相当的教育，经济条件也使他们有可能长途迁徙，因而在同一群体中内迁比例最高。此外，小商贩、小手工业者和技术工人在内迁者中也占了很大的比重，这是因为他们的职业适应性强，谋生较为容易。而广大农民在内迁人口中所占比例最低，这是由于他们的生产、生活离不开土地这一特殊条件。战时内迁人口“至今没有完全的统计。但有着从一千数百万人直至五千万人的种种不同的估计。一般认为，约在二千万到三千万人之间”。这是中华民族历史上一次人口大迁移。

在中华民族觉醒的历程中，抗日战争所起的教育作用，是其他任何历史事件都难以比拟的。在各界社会精英、政党共同参与的广泛社会动员下，民族意识和民族认同感在战时得到了空前增强。以沿海工业、文教机构内迁为标志的中国社会经济文化中心的转移，对于矫正中国近代化过程中的畸形状态，客观上起到了出乎时人意料的作用；战时中华民族救亡图存的强烈愿望，也有力地推动了后方民族工业、教育文化事业的发展。

与此同时，受战争影响，这种变化发展又多形成于临时被动的危机应对状态下，并非中国近代社会演变符合逻辑的自然递进，而且国家垄断资本的急剧膨胀，国民党“党化教育”等战时统治的限制，所产生的负面作用也贻害甚深。但无论如何，抗日战争带来的民族觉醒，不仅支持抗战取得最后的胜利，也进一步推动了中国社会经济文化的发展，是中国坚持持久抗战的源泉。从这个角度看，抗日战争的胜利是中华民族走向伟大复兴的历史转折点！

本文来源：2020 年 7 月 13 日《北京日报》第 11 版

中国抗战史和二战史研究还存在哪些不足？

胡德坤

很长时间以来，国际上对二战历史的评价一直存在各种杂音。在欧洲甚至出现了“苏联军队攻克柏林是对德国的侵略”这样荒唐的言论。在亚洲，日本一些右翼政治家，拒绝承认、企图掩盖日本军国主义的侵略历史。

因而，加强对二战史的研究、论证，还原战争真相，澄清模糊认识，帮助人们树立正确的历史观，牢记二战惨痛教训，防止战祸重演，切实维护二战胜利成果和战后国际秩序，以维护人类持久和平，就不仅仅是重要的学术问题，还是重要的国际政治和国际关系问题。

西方二战史著作几乎不提中国战场

二战结束后，西方国家就兴起了研究二战史的高潮，一直持续到20世纪90年代。在此期间，世界各国尤其是参战的大国，如美国、苏联、英国、德国、法国以及日本，均投入了大量的人力和物力，搜集、整理、出版有关二战的资料，开展研究，出版了一批又一批的系列学术著作，其数量之多，可以说汗牛充栋。这些国家的一个共同点是政府资助支持、组织专家群进行攻关，都有总结性的权威研究成果著作问世。其研究成果的一个共同点是，突出本国在二战中的地位与作用。

战败国日本从战后初期开始征集战史资料，拨出专款，组织专班，将未来得及销毁、分散于日本各地、在美国等地的档案资料，搜集、整理、研究，出版了102卷的研究著作《战史丛书》，成为研究二战时期日本战史的权威著作。日本《战史丛书》虽非完全是右翼战争史观，但通篇体现出“日本是战争失败者，却是精神胜利者”的主体思想，字里行间透露出对日本军队“战功”的颂扬，对中国军民的蔑视，对美国军队的憎恨。

西方各国的二战史著作的另一个共同点是，很少涉及中国抗战，甚至几乎不提中国战场，在提到中国战场时，也大多是描述中国战场抗战不力。美国出版的二战史著作对中国战场抗战的评价稍微客观些，但也是将中国战场放在无足轻重的地位，放在从属于美国大战略的前提下表述的。

总之，国际二战史学界出版的著作，基本上不写或很少写中国的抗战，这和战时美、英、苏等反法西斯国家公认中国是反法西斯四大国之一的地位，形成了强烈的反差。

究其原因，一是冷战造成了西方世界对中国的政治偏见，二是中苏关系破裂造成苏联对中共的偏见，三是日本对侵略战争缺乏深刻反省而歪曲历史，四是中国本身对抗日战争与世界反法西斯战争的关系研究有待继续深入，五是中国的研究成果尚未充分走向世界。

将抗战史融入二战史之中的学术体系尚待建构和完善

20世纪80年代，我国二战史研究可谓成果初显，当时出版发行了二战史单本著作，研究力量较为集中的地方为国防大学、军事科学院、后勤指挥学院、中国社会科学院世界历史研究所、武汉大学、华东师范大学、首都师范大学、四川大学、辽宁大学等，相关学术著作从无到有，从单一到综合。

进入20世纪90年代，一批二战史学者退休，青年学者大多转向战后史研究，虽有少数人仍在坚持二战史研究，但研究队伍日渐萎缩，二战史研究课题亦很难申请成功，重要学者研究著作较少。当然，这期间也出现了二战史研究的新动向，即向“专、深、精”方向发展，如军事科学院出版的5卷本二战史和3卷本抗战史。

2000年之后，武汉大学历史学院出版了9卷本《反法西斯战争时期的中国与世界研究》，应该说是动员了全国相关学者共同研究的成果，研究重点是中国抗战在二战中的地位、作用及影响，中国抗战与二战的关系，二战中大国对中国的影响等。从2007年开始，二战史研究进一步拓展，取得了不少重要的、创新性研究成果。

中国台湾在二战史研究方面成果不多，但在抗战史研究方面成果较多，蒋纬国主编的10卷本《抗日御侮》，可以算作台湾学界的总结性研究成果。台湾在20世纪80年代以后，在搜集、整理战时中国档案资料方面，下了很大功夫，相继出版了战时中国政治、经济、军事、外交、文化等方面的资料汇编，是对抗战史研究的一大贡献。但台湾对二战史的研究还不够：一是研究二战史的学者较少，二是未能将抗战史与二战史有机结合起来研究。

中国学者对二战及其相关问题的研究取得了不少成就，二战史研究是我国世界史研究中成果最为丰硕的领域之一。但是，我国抗战史研究也有不足之处，主要在于五个方面：一是研究成果尚未达到高水平，将抗战史融入二战史之中的具有中国特色的学术体系尚待建构和完善；二是研究资料不足，战后，美、英、苏、德、日等国公布的战时档案资料，我国尚未充分搜集整理；三是能将二战史与抗战史结合起来进行研究的学者人数过少，小语种历史学人才匮乏；四是经费缺乏，宏观策划、组织不够，也不能策划大的课题和出版系列成果；五是我国自己的二战史学术的对外传播还不够，应更好地考虑如何与西方学者合作，让他们真正了解中国的观点，能够沟通交流，而不是自说自话。

国家层面对于二战史研究要整体规划

二战是 20 世纪世界历史从战争与动荡走向和平与发展的转折点，也是中国历史从半殖民地半封建社会走向社会主义社会的转折点。自近代以来，二战是中国与世界大多数国家所具有的历史共同点。因此，抓住这个历史共同点，宣传这个历史共同点，对我国与世界大多数国家的交往是十分有益的。

参加二战的大国，无论是战胜国还是战败国，已基本完成对二战的研究，唯一未完成这一研究的是中国，这与反法西斯大国的地位是不相称的。抗战研究对于国家而言意义重大，在人、财、物的管理和学术评价体系、学术环境等方面，应给予更多重视和大力推动。国家层面对于二战史研究要有整体规划。尤其对于从事历史研究的人才，需要一个很长的培育期。现在的学术评价体系的设计和导向也亟须改革，要考虑给搞基础学科研究的人员设特殊政策，并切实落实，鼓励大家“甘坐冷板凳”。

为此，应该设立一项国家工程，创造性地构建科学的、严谨的、具有中国特色的二战史学体系，要在全国范围内组织专家团队，投入足够的经费，将国外、境外的主要资料搜集起来，用十至二十年时间完成两部系列著作：一部第二次世界大战史（含中国抗日战争）中外文重要史料选编，一部多卷本第二次世界大战史（含中国抗日战争）研究著作。两部作品应以中文、英文两种文字出版，便于将我国的研究成果推向世界。

本文来源：2015 年 6 月 15 日《北京日报》第 19 版

抗战胜利给处理战争与和平关系问题带来哪些深刻启示？

曲青山

战争与和平是人类面临的一个重大问题，也是需要人类正确认识和处理好的一个重大关系。习近平总书记明确指出："战争是一面镜子，能够让人更好认识和平的珍贵。"战争是会给人民带来灾难的。20 世纪发生的两次世界大战，都给世界人民带来了巨大灾难。中国共产党人是历史唯物主义者，是坚决反对战争的。但是，战争有正义和非正义之分。因此，战争也就有了正义战争和非正义战争之别。第一次世界大战，是帝国主义瓜分殖民地、争夺势力范围的争斗，从性质上说，是帝国主义之间的一场战争，没有哪一方是正义和哪一方是非正义之说。而第二次世界大战则不同，第二次世界大战是以中、苏、美、英等同盟国为一方，以德、意、日等轴心国为另一方，是正义对非正义的战争。

反对战争，就要制止战争、消灭战争。战争与和平是对立的统一，在一定条件下，它们可以相互转化。反对战争、制止战争、消灭战争，就要不忘历史。“历史的启迪和教训是人类的共同精神财富。”因此，一切否认侵略战争性质的言行，一切歪曲甚至美化侵略战争的言行，一切逃避侵略战争历史责任的言行，都是对人类良知的侮辱，都是对世界人民的欺骗。“得道者多助，失道者寡助。”能战方能止战，正义终将战胜邪恶，历史潮流不可阻挡。中国人民抗日战争和世界反法西斯战争的胜利就是最好的例证。

和平获得了，就需要维护和坚守，更需要始终不渝地捍卫。中国人民抗日战争和世界反法西斯战争的胜利成果不容置疑，几千万人为独立、自由、和平付出的牺牲不容否定。世界反法西斯战争取得的成果和战后形成的国际秩序必须坚持和守护。维护世界和平是世界各国人民的共同利益和根本利益所在。为了和平，我们要以史为鉴，坚定维护和平的决心，牢固树立人类命运共同体的意识。

中华民族历来爱好和平。无论发展到哪一步，中国都永远不称霸、永远不搞扩张、永远不会把自身曾经经历过的悲惨遭遇强加给其他民族。中国人民将坚持同世界各国人民友好相处，坚决捍卫中国人民抗日战争和世界反法西斯战争胜利成果，努力为人类作出新的更大的贡献。

本文来源：2015 年 9 月 7 日《北京日报》第 17 版

我们应该对抗日战争采取什么样的科学态度？

曲青山

“铭记历史、缅怀先烈、珍爱和平、开创未来”，这 16 个字是中国共产党、中国政府和中国人民对待抗日战争和世界反法西斯战争的科学态度。

为什么要强调“铭记历史”呢？习近平总书记指出：“血的教训不能忘却”“忘记历史就意味着背叛”“无论是当年勇敢抗击侵略战争的国家的人民还是当年发动侵略战争的国家的人民，无论是经历了那个年代的人们还是在那个年代以后出生的人们，都要坚持正确历史观，牢记历史的启迪和教训”。历史是一个民族、一个国家安身立命的根基，是不能忘记的。只有不忘历史，历史才会是有生命的，才会是有用的。牢记历史并不是要延续仇恨，而是要从历史中汲取智慧，以史为鉴，面向未来。

为什么要强调“缅怀先烈”呢？习近平总书记指出：“一个有希望的民族不能没有英雄，一个有前途的国家不能没有先锋。包括抗战英雄在内的一切民族英雄，都是中华民族的脊梁，他们的事迹和精神都是激励我们前行的强大力量。”只有缅怀先烈，心存敬意，感受崇高，才能获取精神的支撑和前进的动力。

为什么要强调“珍爱和平”呢？习近平总书记指出：“和平来之不易，和平必须捍卫。”和平是正义战胜邪恶、光明战胜黑暗、进步战胜反动的必然结果。和平需要追求，更需要维护和坚守。否则，就会得不到，即便得到了也会失掉。

为什么要强调“开创未来”呢？习近平总书记指出：“要牢固树立人类命运共同体意识”“共同开创世界和平充满希望的未来”。历史是无法重复再现的，也是无法从头再来的。但是，未来是可以选择的，也是可以开创的。镜鉴历史，是为了开辟未来。对中国人民来说，中国的明天和未来，就是要努力实现中华民族伟大复兴的中国梦。对世界人民来说，世界的明天和未来，就是要让和平的阳光普照大地，长久地维护世界和平，促进人类的进步事业共同发展和繁荣。

本文来源：2015 年 9 月 7 日《北京日报》第 17 版

如何认识中国人民抗日战争胜利的重大意义？

曲青山

中国人民抗日战争胜利，是近代以来中国抗击外敌入侵的第一次完全胜利。其意义体现在三个方面：一是彻底粉碎了日本军国主义殖民奴役中国的图谋，洗刷了近代以来中国抗击外来侵略屡战屡败的民族耻辱。二是重新确立了中国在世界上的大国地位，使中国人民赢得了世界爱好和平人民的尊敬。三是开辟了中华民族伟大复兴的光明前景，开启了古老中国凤凰涅槃、浴火重生的新征程。

抗日战争是中华民族走向伟大复兴的历史转折点。中国人民抗日战争为世界反法西斯战争胜利作出了重大贡献。中国人民抗日战争开始时间最早、持续时间最长，中国人民以巨大民族牺牲支撑起了世界反法西斯战争的东方主战场。

中国共产党的中流砥柱作用是中国人民抗日战争胜利的关键，以爱国主义为核心的伟大民族精神是中国人民抗日战争胜利的决定因素，全民族抗战是中国人民抗日战争胜利的重要法宝。中国人民抗日战争胜利是全民族抗战的胜利，是全体中华儿女的荣光。中国人民抗日战争得到国际社会的广泛支持，中国人民抗日战争的胜利，是中国人民同反法西斯同盟国以及各国人民并肩战斗取得的伟大胜利，中国人民将永远铭记各国人民为中国人民抗日战争胜利作出的宝贵贡献。

中国是世界和平与发展进步事业的坚定维护者和捍卫者。中国人民将始终不渝走和平发展道路，始终不渝奉行互利共赢的开放战略，坚定不移维护世界和平。

本文来源：2015 年 9 月 7 日《北京日报》第 17 版

后　记

80 年前，中国人民经过 14 年不屈不挠的浴血奋战，打败了穷凶极恶的日本军国主义侵略者，取得了中国人民抗日战争的伟大胜利！先辈们为赢得这个伟大胜利而付出的巨大牺牲，用鲜血和生命铸就的伟大精神，值得我们永远铭记。

在世界反法西斯战争中，中国抗日战争开始时间最早、持续时间最长，长期牵制和抗击着日本军国主义的主要兵力。特别是从 1931 年九一八事变到 1941 年太平洋战争爆发，中国在长达 10 年的时间里独立坚持抗击日本侵略军，成为世界反法西斯战争的东方主战场。日本发动侵略战争，给中国和世界带来巨大灾难，犯下了滔天罪行。在艰苦卓绝的抗日战争中，中国军民伤亡 3500 万人以上，直接和间接经济损失数千亿美元，付出了巨大牺牲。但不可否认的是，直到今天，国际社会上仍有人不怎么认同中国为世界反法西斯战争胜利作出的重大贡献，日本一些政治组织和政治人物依然矢口否认甚至美化日军的野蛮罪行。因此，在中国人民抗日战争暨世界反法西斯战争胜利 80 周年之际，对于作为东方主战场的中国所作出的巨大贡献，对于日本法西斯所犯下的滔天罪行，我们应当秉笔直书，永远铭记。

中国人民抗日战争胜利是以爱国主义为核心的民族精神的伟大胜利，是中国共产党发挥中流砥柱作用的伟大胜利，是全民族众志成城奋勇抗战的伟大胜利，是中国人民同反法西斯同盟国以及各国人民并肩战斗的伟大胜利。中国共产党在抗日战争中发挥了中流砥柱作用。但不可否认的是，直到今天，诸如“中国共产党在抗日战争中游而不击”“中国共产党利用抗日战争坐大”等错误观点依然有市场。因此，在中国人民抗日战争暨世界反法西斯战争胜利 80 周年之际，对于中国共产党在抗日战争中发挥的中流砥柱作用，我们应当正本清源，永远铭记。

中国人民在抗日战争的壮阔进程中孕育出伟大抗战精神，向世界展示了“天下兴亡、匹夫有责的爱国情怀，视死如归、宁死不屈的民族气节，不畏强暴、血战到底的英雄气概，百折不挠、坚忍不拔的必胜信念”。80 年前，伟大抗战精神带来的伟大胜利，为中华民族由近代以来陷入深重危机走向伟大复兴确立了历史转折点。80 年后的今天，我们正为全面建成社会主义现代化强国、实现中华民族伟大复兴而不懈奋斗。实现伟大梦想，必须进行伟大斗争。因此，在中国人民抗日战争暨世界反法西斯战争胜利 80 周年之际，对于作为中国共产党人精神谱系重要内容的伟大抗战精神，我们应当发扬光大，永远铭记。

铭记历史，是为了缅怀先烈，是为了珍爱和平，更是为了开创未来。有鉴于此，我们特别策划推出了这本《铭记：不容歪曲的抗战史识》。本书内容主要选编自《北京日报·理论周刊》所刊发的有关抗战主题的文章，内容涉及中国抗战史上许多重大事件、重要史实、重要问题，其作者包括石仲泉、张海鹏、金一南等几十位，多是国内党史、军史研究领域的权威专家和一流学者。他们的倾力襄助为我们普及了中国抗战知识，同时也保证了这些知识的权威、准确。谨向他们致以诚挚的谢意！

2025 年 5 月

鸣　谢

本书版画由中国人民抗日战争纪念馆提供。